잘 파는 사람은
심리를 알고 있다

오치 케이타 지음
최지현 옮김

잘 파는 사람은 심리를 알고 있다

범죄심리학자가 포착한 심리 마케팅의 노하우

동양북스

목차

시작하는 말
소비자를 유혹하고, 마침내 설득하는 심리 마케팅의 비밀   10

 **1장 어떻게 하면 맛있어 보일까?**
- 상품 인지의 심리학

01 ◆ 우리는 어떻게 구매하는가?   15
값싸고 좋은 물건이 점점 많아지는 이유 ◆ 너무 맛있는 회전초밥, 규동, 냉동볶음밥 ◆ 사람들은 얼마나 만족하는가? ◆ 마케팅 업계가 이끄는 AIDMA 모델 ◆ 심리학으로 판단하다 : 정교화 가능성 모델 ◆ 지금 쇼핑은, 주변 경로의 시대

02 ◆ 포장만 봐도 알 수 있다 - 색깔/형태/레이아웃   25
포장지는 상품의 얼굴 ◆ 우리는 이미 색깔이 내는 맛을 알고 있다 ◆ 맛과 색이 일치하는 포장지가 빨리 선택받는다 ◆ 포장지 색을 단서로 탐색한다 ◆ 이미지와 어울리는 색은 호감도를

높인다 • 포장지의 새로운 도전 • 새로운 도전을 하는 기업들 • 감자칩이 파란색 포장지라니? • 고형 카레는 가로형, 즉석 카레는 세로형이 원칙이다 • 상식을 뒤집은 '메이지 더 초콜릿'의 세로형 포장 • 참신한 포장지가 반드시 기억에 남는 것은 아니다 • 맛있어 보이는 포장지에는 법칙이 있다 • 정말 오른쪽에서 수저가 나오면 더 맛있어 보일까? • 식욕을 돋우는 사진의 비법 • 멘탈 시뮬레이션 효과 • 효과적인 레이아웃 배치 • 좌(사용 전) → 우(사용 후) 레이아웃의 효과

03 ◆ 상품명이 품질을 정한다   48

메뉴에 이 한마디를 덧붙이면 맛있어진다 • 호텔의 이름이 평가에 미치는 영향 • 잘 읽히는 이름일수록 더 신뢰받는다 : 유창성 효과 • 유창성 효과의 예외라면? • 긴 브랜드 이름은 럭셔리하게 느껴진다 • 이수르 다니엘로비치가 커크 더글러스가 된 까닭

04 ◆ 선택지의 수가 구매를 좌우한다   59

선택지가 적어야 좋다? • 슈왈츠의 선택이론 • 아이엔가의 잼 실험 • 아이엔가의 초콜릿 실험 • 서브웨이는 너무 어렵다 • 기능이 많을수록 무조건 좋을까? • 선택 피로 현상 • 정말로 선택지는 제한해야 하는가?

싸게 팔면 점점 더 안 팔리게 된다
2장 - 가격의 심리학

01 ◆ 오픈 행사를 노려라   73

신제품 햄버거를 얼마에 팔 것인가? • 출시 기념가로 시장에 진입하는 이유 • 마침내 고객 확보에 성공하다 • 출시 기념가 종료 후에는 무슨 일이? • 내적 참조 가격의 함정 • 구입 의사를 결정할 때 내적 참조 가격의 중요성 • 가격과 구매 의사의 관계 • 왜 신제품 햄버거는 갑자기 안 팔리게 되었나? • 출시 기념가의 기억이 흐려지는 날까지 • 출시 기념가 전략은 양날의 검

02 ◆ 가격을 내렸을 때 생기는 문제   86

가격 인하로 고객층이 바뀐다 • 이 손님은 어디에서 왔는가? • '떠나간 손님'은 어떤 사람들인가? • 가격 때문이 아니라면? • 브랜드 이미지와 상품 카테고리 이미지의 저하 • 가격 인하 스파이럴의 위협 • 스타벅스의 고급 커피 전략 • 일본 햄버거 전쟁의 시작 • 햄버거 전쟁에 맞선 맥도날드의 전략 • 내적 참조 가격의 반발 효과 • 반복되는 가격 인하 프로모션과 경영 위기 • 맥도날드의 부활과 V자 회복

03 ◆ 내적 참조 가격을 낮추지 않고 이기는 방법
　　 - 쿠폰/세일/증정/세트 판매   98

저렴한 가격 프로모션은 정말로 위험할까? • 쿠폰 할인은 단순한 가격 인하가 아니다 • SNS 시대의 디지털 쿠폰, 그 명과 암 • '지금만 특별히' 전략 • '당신에게만 특별히' 전략 • 증량과 증정품은 단순 할인과는 다르다 • 할인 대신 포인트를 적립해드려요 • 세트로 판매하는 법 • 세트 판매는 다른 가게와 비교하기 어렵다 • 세트 판매가 의외로 호평인 이유

3장　스타벅스는 Mac을 쓰는, 새로운 것을 좋아하는 24세
　　 - 브랜드의 심리학

01 ◆ 우리를 사랑하는 팬에게 팔아라!   113
로스리더와 체리피커 • 상품의 팬으로 만들어 버리는 전략 • 오타쿠, 마니아 그리고 최애

02 ◆ 브랜드의 정의와 기능을 알고 활용한다   118
브랜드란? • 브랜드에도 계층이 존재한다 • 구매 의사 결정에서의 휴리스틱스 • 자기 표현 기능에서 목표 설정 기능으로

Original Japanese title : KAIMONO NO KAGAKU
© Keita Ochi 2024
Original Japanese edition published by JITSUMUKYOIKU-SHUPPAN Co., Ltd.
Korean translation rights arranged with JITSUMUKYOIKU-SHUPPAN Co., Ltd.
through The English Agency (Japan) Ltd. and DuranKim Agency Co., Ltd
Korean translation copyright © 2025 by Dongyang Books Co.

이 책의 한국어판 저작권은 DuranKim Agency를 통한
JITSUMUKYOIKU-SHUPPAN와의 독점계약으로 (주)동양북스에 있습니다.
저작권법에 의해 한국 내에서 보호를 받는 저작물이므로 무단전재와 무단복제를 금합니다.

03 ◆ 브랜드를 그 퍼스널리티로 분석한다 122

자신의 브랜드가 '어떤 성격인지'를 알자 • 아커의 브랜드 퍼스널리티 이론 • 카페 브랜드 퍼스널리티 분석 • 새로운 것을 좋아하는 젊은 스타벅스, 아버지 같은 고메다 커피 • 브랜드 퍼스널리티 개념이 정말로 도움이 될까? 유사성 가설과 상보성 가설, 어느 쪽이 맞을까? • 브랜드와 나는 하나다 • 현실자기와 이상자기, 어느 쪽과의 일치가 더 중요할까?

04 ◆ 팬의 기대를 유지하는 리텐션 마케팅 135

팬을 배신하지 않는다는 목표를 만들어라 • 로고를 바꾸면 어떻게 될까? • 로고 변화에 가장 강하게 저항하는 단골 손님 • 포장지를 바꾸면 어떻게 될까? • 럭셔리 브랜드의 '격'을 유지하는 이미지 관리 • 팬이 지켜주는 가디언 효과 • 리텐션 마케팅의 한계

4장 비교광고는 정말로 효과적일까?
- 광고의 심리학

01 ◆ 비교 광고 히스토리 153

비교 광고는 정말로 효과가 있을까? • 비교 광고의 실험적 연구 • 비교 광고 효과의 메타 분석 연구 • 비교 광고에 중요한 것은 바로 유머! • 비교 기준을 세울 때 놓치지 말아야 할 것 • 1위 강조 광고의 효과 • 1위 강조 광고는 사실 그리 쉽지 않다 • 1위를 노리는 광고의 가능성 • 자학 광고라는 새로운 전략 • 시마네도 일본의 영토입니다 • 자학 광고는 정말로 효과가 있을까?

02 ◆ 연예인 광고는 양날의 검일까? 174

왜 연예인으로 광고하려 하는가? • 연예인 광고를 내려놓아야 할 때 • 연예인 광고의 호감도 가설 • 연예인 광고에서의 매치업 가설 • 연예인에 의한 브랜드 이미지 변화 효과 • '차이를 아는 남자'는 어떤 커피를 마실까? • 연예인 광고의 위험성 • 뱀파이어 효과를 경계하라

03 ◆ PPL로 자연스럽게 광고하기   **185**

PPL 없이는 방송이 안 되는 세상 • 시청자의 기억에 남는 제품 • PPL은 왜 효과가 있을까? • 제임스 본드의 '롤렉스가 아닌' 오메가 • PPL의 리액턴스 효과 • 조용히 지나가는 자막에 주목하라 • 게임 시대의 PPL • PPL과 애드버게임 • PPL과 애드버게임은 어느 쪽이 더 효과적일까?

04 ◆ 섹시한 광고의 시대는 끝났는가?   **197**

섹슈얼 광고 효과의 메커니즘 • 이 광고의 타깃은 누구인가? • 광고는 더 이상 섹시할 필요가 없다 • 섹슈얼 광고의 뱀파이어 효과 • 섹슈얼 광고의 사회적 문제

05 ◆ 개인화 광고의 발전 가능성   **205**

영화 '마이너리티 리포트'로 보는 미래의 광고 • 우리는 '당신을 위해서'에 약하다 • 아무도 갖고 있지 않은 것이 무기다

5장 최고를 추구하는 사람은 행복할까?
- 소비 행동과 심리학

01 ◆ 라이프스타일은 곧 소비가 된다   **213**

소령화 사회의 소비자 세분화 전략 • 데모그래픽 특성에서 사이코그래픽 특성으로

02 ◆ 카시오 대신 롤렉스를 사는 심리   **218**

고급 손목시계라는 현시적 소비 • 경제적 지위를 비추는 위장 소비 • 빚이 많아지면 브랜드 제품이 갖고 싶어진다 • 남이 갖고 있지 않은 것에 가치를 두는 현시적 소비 • 나르시시즘과 현시적 소비의 관계 • 취약형 나르시시스트와 과대형 나르시시스트

03 ◆ 그래서 나는 미니멀리스트가 되었는가? 230

정리로 전 세계 사람들의 인생이 바뀌었다 • 단사리에서 미니멀리스트라는 라이프스타일로 • 여성 미니멀리스트가 더 많은 이유 • 미니멀리스트는 더 행복하다 • 미니멀리스트는 고민하고, 조금만 구매한다 • 미니멀리스트는 공짜를 싫어한다? • 미니멀리스트 특유의 소비 패턴

04 ◆ 알고 있어도 그만둘 수 없는 충동구매 239

소비 의사 결정 과정의 개인차 • 충동구매의 환경적 요인과 개인적 요인 • 충동구매를 하는 여성이 더 많은 이유 • 충동구매 성향과 개인적 특성 • 충동구매는 스트레스 해소를 돕는다? • 충동구매 DNA

05 ◆ 후회하기 쉬운 최선추구형 소비자가 행복해지는 방법 248

최선추구형 소비자와 만족형 소비자 • 최선추구형 소비자와 만족형 소비자란 어떤 사람인가? • 최선추구형 소비자는 불행한가? • 인생의 선택과 최선추구형 소비자의 고뇌 • 만족형 소비자가 되기 위한 비결

끝맺는 말
소비와 욕망은 한 끗 차이, 심리학으로 읽어내는 쇼핑의 과학 260

참고 문헌 및 참고 웹사이트 263

시작하는 말

소비자를 유혹하고, 마침내 설득하는
심리 마케팅의 비밀

면허도 없는데 광고 속 자동차가 갖고 싶어질 때가 있다. 또, 편의점 계산대 옆에 쌓여 있는 초콜릿을 무심코 집어 들기도 한다. 명품 옷을 사고 싶어 큰마음 먹고 백화점에 갔다가 결국 아무것도 사지 못하고 돌아오기도 하고, 그냥 구경만 하려 했는데 마음에 쏙 드는 옷을 발견해 돈이 없는데도 카드를 긁고 만다. 3,000원 정도의 쿠폰을 사용하기 위해 아직 많이 남은 생필품을 사기도 하고, 그것이 썩지 않음에 고개를 끄덕인 경험이 있는가?

우리는 매일 소비한다. 어쩌면 소비 당하는 걸지도 모르겠다. 휴대폰 속의 수많은 광고와 일상에서 마주하는 상품과 서비스, 그중에는 지갑을 열게 만드는 매력적인 상품이 있다. 때로는 그 매력적인 상품이 나를 지배하는 느낌까지 든다.

이 책은 쇼핑을 둘러싼 인간의 행동과 욕구를 파헤치면서 소비자의 입장에 선다. 소비심리학의 관점에서 '소비'란 모두 인간의 '사회적 행동'으로, 가끔은 이해되지 않는 소비 행동이 왜 일어나는지, 어떤 사람이 어떤 상황에서 그런 선택을 하는지 등을 탐구하며 사람의 심리를 연구한다.

이것은 오늘날 상품이나 서비스 개발에 있어 가장 처음으로 연구해야 할 분야이기도 하다. 소비는 곧 심리이기 때문이다. 그래서 최근에는 사회심리학자들 역시 소비 행동의 중요성을 인식하고 이 분야의 연구에 적극적으로 참여하고 있다. 최근 몇 년 사이, 행동경제학의 급부상과 소비 환경의 큰 변화 등으로 인해, 현직 경영자나 마케터를 대상으로 하는 연구도 활발해졌다. 소비행동학은 이제 막 주목받기 시작한 흥미로운 연구 분야이다.

이 책을 읽고 나면 자신도 모르게 매출을 당장 끌어올릴 수 있는 실전 노하우를 얻게 될 것이다. 인간이 어떻게 돈을 쓰는지, 그 심리를 알았을 뿐이지만, 당신이 담당하는 기업의 매출은 하늘 높은 줄 모르고 치솟을 것이다. 인간의 욕망 소비를 알았기 때문이다. 그저 당신은 팔기만 하면 된다.

대박을 노리는 당신, 알고 보면 확실하게 보이는 '쇼핑의 과학'이 궁금하지 않은가?

─────────────────────────────

'가성비'. 이 의미를 모르는 사람이 하나도 없는, 말 그대로 가성비의 시대다. 불과 십여 년 전까지만 해도 가격과 품질은 밀접한 관계였다. 비싼 것은 좋은 것이고, 싼 것은 그만한 값어치를 하는 것으로 여겨졌다. 그리고 실제로 사용해보거나 먹어보면 그 차이는 분명히 느껴졌다. 하지만 최근에는 저렴한 상품도 품질이 눈에 띄게 좋아졌고, 이제는 인간의 감각만으로 그 차이를 구별하기 어려워졌다.

품질의 격차가 줄어든 이때, 사람들은 '심리'로 구매한다. 상품의 이미지나 분위기가 내 생활방식에 잘 어울리는지, 나를 돋보이게 해주는 수단이 될 수 있는지, 혹은 그것을 소유하거나 사용함으로써 내가 어떤 만족을 얻는지가 구매를 결정짓는 중요한 요인이 되었다.

어떻게 하면
맛있어 보일까?

- 상품 인지의 심리학

01
우리는 어떻게 구매하는가?

값싸고 좋은 물건이 점점 많아지는 이유

예전에는 대체로 값이 싼 물건은 질이 좋지 않았고, 값싼 음식은 맛이 없었다. 하지만 불과 십여 년 사이에 상품의 품질은 놀라울 만큼 향상되었다. 지금은 가격이 싸다고 해서 품질이 나쁜 제품을 찾기가 더 어렵다. 싸고 맛있는 음식점도 얼마든지 있다.

전반적인 품질의 향상은 디지털 기술과 정보 기술의 발전 덕분이라 할 수 있다. 과거의 기계는 여러 개의 부품으로 구성된 물리적 메커니즘을 기반으로 작동했으며, 부품을 정밀하게 제작하려면 숙련된 장인의 기술과 오랜 경험이 필요했다. 하지만 현재는 부품 수 자체가 줄었고, 기계의 작동 대부분을 소프트웨어가 담당한다. 예전에는 장인에게서 장인으로만 전수되던 기술도 이제는 인터넷 검색으로 바로 확인할 수 있다. 설사 다른 언어로 되어 있어도 기계 번역 소프트웨어가 빠르고 능숙하게 번역해 준다.

또한 오퍼레이션 리서치 Operations Research, OR 기술의 발달로 물류망이 최적화되어, 오늘 아침 해안 지방에서 잡은 신선한 생선이 도시의 초밥집 점심 메뉴로 제공되고, 전국 어디에서든 동일한 맛의 규동(소고기덮밥)을 비슷한 가격에 먹을 수 있다. 이런 변화는 기본적으로 저가 상품을 중심으로 일어났기 때문에, 싼 물건의 품질이 빠르게 좋아진 것이다.

그렇다면 고급 상품은 어떨까? 고급 상품은 기본적으로 장인의 오랜 경험과 숙련된 기술로 만들어진다. 물론 기술의 발전으로 고급 상품도 더 정교해졌지만, 그 발전 속도는 저가 상품만큼 빠르지 않았다. 애초에 고급 상품은 사람이 손수 정성을 들여 만들고 있었기 때문에, 기술 발달이 가져올 수 있는 개량의 여지가 크지 않았던 것이다.

그 결과, 현재는 상품의 가격과 품질 사이의 차이가 거의 사라졌다. **아니, 실제로는 차이가 있을지도 모르지만, 우리 같은 평범한 소비자들은 그 차이를 알아차리기 어렵다.**

너무 맛있는 회전초밥, 규동 그리고 냉동볶음밥

나는 예전부터 맛있는 음식에 사족을 못 쓰는 편이라, 값싼 음식부터 고급 레스토랑의 코스 요리까지 안 먹어본 것이 없을 정도다. 세상에 '회전초밥'이라는 것이 처음 등장했을 때도 망설임 없이 한걸음

그림 1-1

사회 계층과 구매 상품의 품질

예전에는 사회 계층에 따라 구매할 수 있는 상품의 품질에 뚜렷한 차이가 있었지만, 지금은 상품의 기능과 성능이 향상되면서 값싸고 성능 좋은 제품을 누구나 살 수 있게 되었고, 그 차이는 거의 사라졌다.

에 달려갔다. 오매불망 기다리던 회전초밥에 대한 후기는 '콘셉트는 흥미롭지만, 도저히 먹을 만한 음식은 아니다'였다. 당시에는 (눈을 가리고) 회전초밥과 고급 일식집의 초밥을 먹어보라고 해도, 아주 쉽게 그 차이를 구별할 수 있었을 것이다.

하지만 요즘은 솔직히 말해, 최고급 소고기를 사용한 2,500엔짜리 소고기덮밥과 소위 가성비 맛집이라고 불리는 대기업 프랜차이즈 식당에서 파는 380엔짜리 소고기덮밥을 구분할 자신이 없다.

그럴 리가 없다고, 그저 내 혀가 둔한 것뿐이라고 말한다면, 그 말에도 일리가 있겠다. 만약 음식에 조예가 훌륭한 전문가라면 구별해 낼 수도 있지 않을까? 하지만 오랜 세월 동안 세상의 미식은 다 경험

그림 1-2

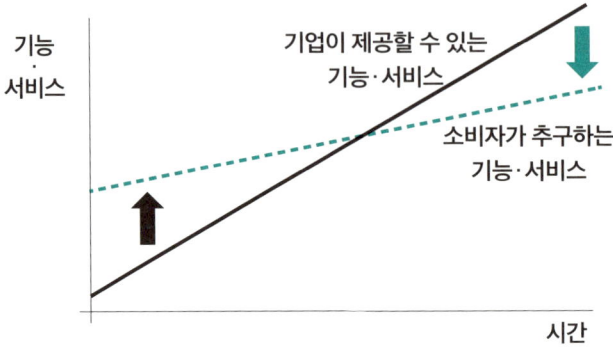

기술 발전과 소비자의 요구 수준

소비자의 요구 수준은 높아지고, 기술은 그보다 더 빠른 속도로 진보한다.

해본 사람이 간신히 차이를 느낄 수 있는 정도라면, 확실히 이전보다는 큰 변화가 있었던 건 맞다.

이런 상황에서도 대기업의 개발 담당자들은 더 맛있는 음식, 더 성능이 뛰어난 기계를 만들기 위해 오늘도 끊임없이 노력한다. 0.01밀리미터라도 더 얇은 시계를 만들고, 1그램이라도 더 가벼운 노트북을 만들기 위해 애쓰고 있다. 하지만 그렇게 피땀 흘려 노력한 끝에, 일반 소비자가 구별조차 하지 못하는 수준의 품질 향상을 이루는 것이 과연 어떤 의미가 있을까? **지금 우리가 일상에서 사용하거나 먹는 것들의 기술 수준은 이미 우리의 기대치와 그 차이를 구별할 수 없을 정도에 이르렀다**(크리스텐슨 Christensen, 1997).

사람들은 얼마나 만족하는가?

이제는 '성능만 높이면 모두가 만족할 것이다'라는 기술자 중심의 발상이 들어맞지 않는다. 지금 기업이 만들어야 할 것은, 고객의 심리적 요인에 초점을 맞춘 '쾌적한 체험'이다. 광고를 통해 상품을 인지하고, 그것을 구매하여 사용해보는 과정, 메뉴를 고르고 즐겁게 식사하는 그 전 과정, 이런 체험이 이제는 상품 그 자체의 기능보다도 더 중요한 요소가 되었다.

이러한 체험을 제공하기 위해서는, 상품 개발의 중심을 '상품 자체'에서 '소비자의 마음'으로 옮겨야 한다. 소비자를 만족시키고 그들의 마음을 움직이기 위해서는, 애초에 소비자가 무엇을 느끼고 있는지, 무엇을 갖고 싶어 하는지, 왜 그렇게 생각하고 느끼는지, 무엇에 불만을 느끼는지를 이해할 필요가 있다. 이와 같은 관점은 심리학이 오랫동안 다뤄온 주제이기도 하다. 따라서 이 책에서는 심리학의 관점에서 소비자 행동을 분석하고자 한다.

마케팅 업계가 이끄는 AIDMA 모델

소비 행동을 이끄는 인간의 심리를 탐구할 때 가장 먼저 살펴봐야 할 것이 바로 'AIDMA 모델'이다. 이 모델은 1920년대, 광고업자 사무엘 롤랜드 홀이 사람의 구매 행동을 도식화해 제안한 것이다. 그에 따르면, 소비자가 어떤 상품을 인지하고 실제로 구매에 이르기까지

그림 1-3

AIDMA 모델

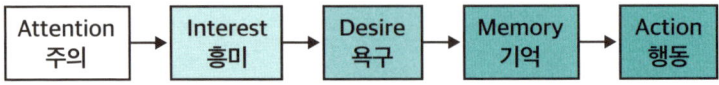

는 그림 1-3과 같은 일련의 단계가 존재한다고 한다.

기업은 어떤 상품으로 소비자의 주의를 끌 것인지, 어떻게 흥미를 유발하고 기억에 남게 할 것인지, 그리고 그것을 어떻게 '구매'라는 행동으로 이어지게 할 것인지 등 AIDMA 모델로 파악해야 할 문제들을 확인할 수 있다.

참고로 AIDMA 같은 모델은 심리학 분야에서도 발전되어 인간의 인지 과정을 밝히는 데 큰 도움을 준 바 있다. 다만 심리학에서 이러한 개념이 등장한 것은 1960년대였고, 마케팅 분야가 무려 40년이나 앞서 있었던 셈이다. 이후 AIDMA 모델을 보완하거나 대체하려는 다양한 시도가 이루어졌고, 그중에서도 특히 주목받고 있는 가장 혁신적인 모델이 바로 '정교화 가능성 모델'이다.

심리학으로 판단하다 : 정교화 가능성 모델

정교화 가능성 모델elaboration likelihood model, ELM은 페티와 카시오포Petty&Cacioppo, 1986라는 사회심리학자가 고안한 모델이다. 원래는 설득 커뮤니케이션, 즉 어떤 정보가 사람을 설득하고 행동을 변화시키는지를 설명하는 이론이었으나, 소비자 행동에도 그대로 적용할 수 있음이 밝혀지면서 마케팅 업계에서도 활용되기 시작했다(일본에서는 니시나 연구팀Nishina et al., 2007 등).

이 모델이 참신한 점은, 우리가 어떤 물건을 보고 갖고 싶어 하고 결국 사게 되는 일련의 과정이 단일한 경로가 아니라, 두 갈래 경로를 통해 이루어진다고 제안한 데 있다. **이 두 경로는 각각 '중심 경로'와 '주변 경로'라고 불린다.**

예를 들어 지금 우리가 어떤 상품이나 그 상품에 대한 정보를 봤다고 가정해보자. 우리는 우선 '그 정보를 곱씹어볼 가치가 있는지', 그리고 '그 정보를 곱씹을 수 있는 능력이 내게 있는지'를 판단한다. 이 두 가지 조건이 모두 충족되면, 우리는 중심 경로를 따라 판단한다. 이는 광고나 상품의 기능, 특성, 필요성 등을 자신의 지식과 비교해 보며 논리적이고 합리적으로 구매 여부를 결정하는 과정이다. 이 판단은 다소 시간이 걸리지만, 그만큼 지속적이고 일관된 인지 변화와 행동 변화를 유도한다.

반면, 위 두 조건 중 어느 하나라도 부족할 경우, 우리는 주변 경로를 따라 판단한다. 이는 상품의 분위기, 이미지, 그 당시의 감정 상태,

타인의 평가 등을 바탕으로 직감적으로 구매 여부를 결정하는 방식이다. 이 판단은 즉흥적이고 일시적이며, 일관성이 있다고 보기는 어렵다.

지금 쇼핑은, 주변 경로의 시대

우리는 다양한 물건과 서비스를 돈을 주고 구매하고 있다. 선택할 수 있는 상품과 서비스의 종류도 실로 다양하다.

물론 그중에는 중심 경로를 통해 신중하게 판단하고 싶은 것, 또 그렇게 해야만 하는 것도 있다. 예를 들면 부동산과 같은 고가의 상품이 그렇다. 또한, 어떤 차를 살지, 어느 나라로 여행을 갈지 등 선택

그림 1-4

정교화 가능성 모델

(Petty & Cacioppo, 1986)

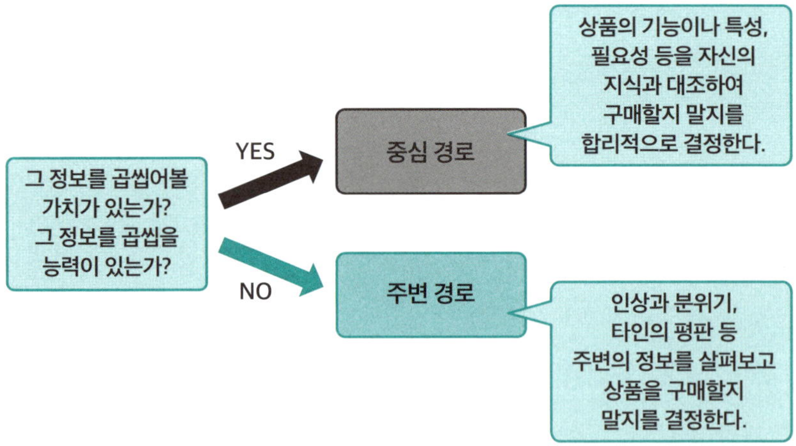

그 정보를 곱씹어볼 가치가 있는가?
그 정보를 곱씹을 능력이 있는가?

YES → 중심 경로 : 상품의 기능이나 특성, 필요성 등을 자신의 지식과 대조하여 구매할지 말지를 합리적으로 결정한다.

NO → 주변 경로 : 인상과 분위기, 타인의 평판 등 주변의 정보를 살펴보고 상품을 구매할지 말지를 결정한다.

하는 과정 자체에서 즐거움을 느끼는 나만의 취미 역시 중심 경로를 통해 판단하게 된다. 이런 것들은 판단에 앞서 일정한 지식이 필요하고, 시간도 들지만, 설령 그 지식이 부족하더라도 새롭게 공부해서라도 중심 경로로 판단하려고 한다.

하지만 일상의 구매는 그렇게까지 특별하지는 않다. 그래서 현재 우리의 소비 활동은 대부분 주변 경로를 따라 이루어지고 있다고 볼 수 있다. <mark>주변 경로에서는 제품의 기능이나 성능보다 그것을 '갖고 싶게 만드는 기분'이나 '구매를 유도하는 분위기'처럼 심리적인 요인이 더 중요하다.</mark>

이번 장에서는 이러한 주변 경로에 의해 구매 행동이 영향을 받는 다양한 현상들에 대해 살펴볼 것이다. 그 첫 번째 주제는 바로 상품의 포장지이다. 포장 상태가 구매 행동은 물론, 상품의 품질과 맛에 대한 인상까지도 얼마나 크게 바꿔놓을 수 있는지를 알아보기로 한다.

> 연구 결과

프로 바이올리니스트는 정말로 최고의 바이올린을 고를 수 있을까?

　스트라디바리우스는 세계 최고의 바이올린으로 널리 알려져 있다. 악기 제작 기술 역시 눈부시게 발전했음에도 많은 음악가와 비평가들은 여전히 스트라디바리우스를 능가하는 바이올린은 없다고 말한다. 그렇다면 프로 바이올리니스트들은 실제로 새로운 바이올린보다 스트라디바리우스가 더 뛰어나다고 느끼고 있을까?

　이 질문에 답하기 위해, 프리츠 연구팀(Fritz et al., 2014)은 국제 콩쿠르 수상 경력이 있는 세계적인 바이올리니스트 10명에게 새로 제작된 이탈리아산 바이올린 6대와 고전 바이올린 6대(그중 5대는 스트라디바리우스)를 제공하고, 리허설 홀과 대형 콘서트 홀에서 충분히 연주해 보도록 했다. 이후 "실제 콘서트에서 사용한다면 어떤 악기를 선택하겠는가?"를 물었다.

　그 결과, 10명 중 6명이 스트라디바리우스가 아닌 새 바이올린을 선택했다. 그들은 연주 편의성과 예술성 면에서도 새로운 바이올린에 유의미하게 높은 점수를 준 것으로 나타났다.

02
포장만 봐도
알 수 있다

색깔 형태 레이아웃

포장지는 상품의 얼굴

마트, 편의점, 웹사이트 등에서 상품을 찾을 때 가장 먼저 시선을 끄는 것은 바로 상품의 포장이다. **사람의 첫인상을 결정짓는 데 '얼굴의 매력'이 중요한 것처럼, 상품 또한 포장지가 인상을 좌우한다.**

물론 기업들도 이러한 사실을 인식하고 있으며, 최근에는 상품 포장지 디자인을 과거보다 훨씬 더 중요하게 여기고 있다.

지금까지는 어떤 상품을 어떤 포장으로 구성할지에 대해 상품의 성격, 콘셉트, 기업의 방향성 등을 바탕으로 경험과 감각에 의존해 결정하는 경우가 많았다. 하지만 최근에는 더 실증적인 방식으로 조사와 실험을 통해 소비자에게 더 좋은 인상을 주고, 더 눈에 띄는 디자인을 모색하는 방향으로 변화하고 있다.

색깔 우리는 이미 색깔이 내는 맛을 알고 있다

포장지를 구성하는 여러 요소 중에서도 가장 먼저 시선을 끄는 것은 바로 '색'이다. 많은 연구자는 포장지가 주는 다양한 영향 중에서도 색을 가장 강력한 정보 전달 수단이라고 꼽았다(피녜로 연구팀 Piñero et al., 2010). 상품에 적절한 색상은 마트나 매장에서 상품을 더욱 눈에 띄게 만들 뿐만 아니라, 특히 식품의 경우에는 더 맛있게 느껴지도록 만든다.

그렇다면 어떤 색이 가장 좋겠는가? 이 문제를 검토한 벨라스코 연구팀 Velasco et al., 2014의 연구를 살펴보자. 이들은 가상의 감자칩 브랜드 '크리스피'를 만들어 실험을 진행했다. 실험 대상은 콜롬비아, 중국, 영국의 대학생들이었으며, 연구팀은 다양한 맛(예: 바비큐맛, 레몬맛, 오이맛 등)의 감자칩 포장지를 여러 가지 색 조합으로 제시하고, 실험 참가자에게 가장 어울린다고 생각되는 것을 고르게 했다. 그 결과는 표 1-1에 나타나 있다. **흥미로운 점은 맛과 포장지 색상 사이에 전형적인 연관성이 존재하며, 이것은 국가나 문화에 따라 달라지지 않았다는 것이다.**

표 1-1

감자칩의 패키지 색과 맛

(Velasco et al., 2014)

국가	맛	색 ( )안은 그 색을 선택한 사람의 비율
콜롬비아	바베큐	어두운 붉은색 (86.2%)
	치킨	오렌지색 (77.6%)
	토마토	간색 (96.6%)
	오이	녹색 (91.4%)
	레몬	녹색 (100.0%)
중국	바베큐	어두운 붉은색 (36.2%)
	치킨	오렌지색 (44.8%)
	토마토	빨간색 (75.9%)
	오이	녹색 (82.8%)
	레몬	노란색 (65.5%)
영국	바베큐	어두운 붉은색 (87.9%)
	치킨	오렌지색 (69.0%)
	토마토	빨간색 (93.1%)
	오이	녹색 (96.6%)
	레몬	노란색 (100.0%)

색깔 맛과 색이 일치하는 포장지가 빨리 선택받는다

　벨라스코 연구팀은 시각 탐색 과제를 통해 매장에서 어떤 포장지가 더 눈에 잘 띄는지를 실험했다. 먼저 참가자에게 화면을 통해 2초간 과자의 라벨을 보여준다(예: 레몬맛). 이후 라벨이 사라지고 1초

뒤, 2×2 배열로 배치된 4종류의 감자칩 이미지가 제시된다(예 : 오이맛 - 빨간색, 치킨맛 - 오렌지색 등). 참가자는 처음 본 맛이 포함된 포장지가 있는지를 확인하고 '있다' 또는 '없다' 버튼을 누른다. 이 실험은 맛과 색이 일치하는 포장지(예 : 레몬맛 - 노란색)와 일치하지 않는 포장지(예 : 레몬맛 - 빨간색)를 찾아내는 데 걸리는 반응 시간을 측정하기 위한 것이었다.

결과는 그림 1-5를 통해 확인할 수 있다. **이 그래프를 보면 맛의 이미지와 색이 일치하는 과자 포장지를 더 빠르고 정확하게 찾아낼 수 있다는 사실이 드러난다.**

그림 1-5

포장지의 맛 - 색에 따른 상품 발견의 반응 시간

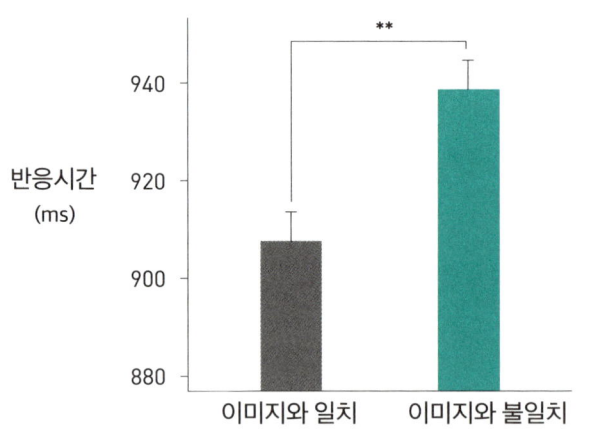

(Velasco et al., 2015)

(**p < .01 오차 막대는 표준 오차를 나타냄)

색깔   포장지 색을 단서로 탐색한다

벨라스코 연구팀의 실험보다 실제 쇼핑 환경에 가까운 조건에서 실험을 진행한 팀이 있다. 바로 판 연구팀 Fan et al., 2021이다. 이들은 색상, 맛, 이미지가 서로 일치하는 포장지와 그렇지 않은 포장지를 나란히 진열한 뒤, 실험 참가자에게 실제로 상품을 고르게 했다. 동시에 안구 추적 장치를 이용해 참가자가 어떤 부분을 먼저 보는지 관찰하며 자료를 수집했다.

실험 결과, 색과 맛 이미지가 일치하는 경우 참가자들이 원하는 상품을 더 빠르게 찾아냈다. 그뿐만 아니라, 시선 추적 데이터 결과 사람들은 특정 맛을 찾을 때 그에 어울리는 색부터 먼저 살폈다. 예를 들어, 레몬맛 과자를 찾을 때는 먼저 노란색 포장지를 찾고, 그 후에 글자를 확인하는 식이다.

결국 마케팅 측면에서 보면, 상품의 맛과 어울리지 않는 색의 포장지는 소비자의 눈에 빨리 들어오지 못할 수 있다.

색깔   이미지와 어울리는 색은 호감도를 높인다

소비자는 맛의 이미지와 잘 어울리는 색상의 포장지에 훨씬 더 호감을 느낀다 Huang & Wan, 2019. 음료수의 경우, '빨간색 - 딸기' '녹색 - 라임' '오렌지색 - 귤'처럼 색과 맛이 어울리는 조합은 이미지 일치 그룹, 반대로 '빨간색 - 라임'처럼 어울리지 않는 조합은 이미지 불

그림 1-6

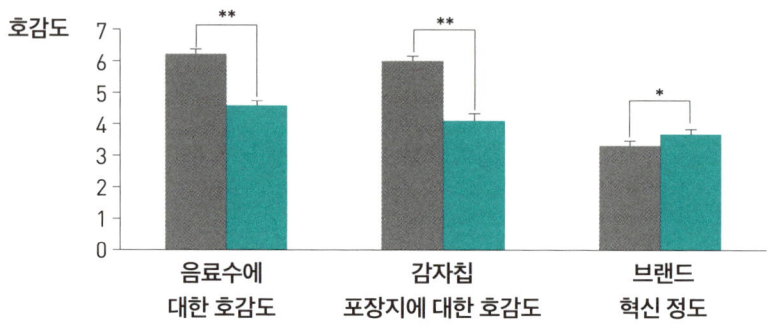

색 - 맛의 이미지 일치와 호감도

(Huang & Wan, 2019)

(** p < .01, * p < .05 오차 막대는 표준 오차를 나타냄)

일치 그룹으로 나눴다. 감자칩도 같은 방식으로, '빨간색 – 토마토맛' '녹색 – 오이맛' '오렌지색 – 치킨맛'을 이미지 일치로 분류하고, 나머지는 불일치 그룹으로 분류했다. 참가자들에게 각각의 사진을 보여준 뒤 호감도를 평가하게 한 결과, 음료수와 감자칩 모두 이미지가 일치할 때 호감도가 더 높게 나타났다.

흥미로운 점은, 이미지가 어울리지 않는 조합의 브랜드가 혁신성 평가에서는 유의미하게 높은 점수를 받았다는 사실이다. 맛의 이미지와 색상이 잘 맞을수록 호감도는 올라가지만, 오히려 그렇지 않은 경우에는 소비자가 '새로운 시도를 한 브랜드'로 받아들였다.

색깔 포장지의 새로운 도전

 상품의 이미지와 어울리는 색을 포장지에 사용하는 것이 유리하다는 사실은 결국 상품군별 포장지 디자인이 서로 비슷해지고, 사용하는 색상도 획일화되는 결과를 낳았다. 예를 들어 우유는 흰색, 파란색, 또는 녹색이 잘 어울린다는 인식이 있다. 실제로 마트에서 우유를 찾을 때, '우유'라는 글자를 보기보다 냉장 음료 코너 중에서 흰색과 파란색이 많이 보이는 쪽을 먼저 찾지 않는가?
 하지만 전형적인 색상 대신 의도적으로 다른 색을 사용하는 전략이 효과를 발휘할 수 있다. 대부분의 우유가 비슷한 색을 쓰고 있기 때문에, 소비자는 쉽게 우유 코너를 찾을 수 있지만, 막상 진열대 앞에 서면 상품들이 전부 비슷해 보인다. 이럴 때 한두 개의 제품이 다른 색을 사용한다면, 같은 우유 제품군 안에서도 유독 눈에 띄게 된다. 단지 눈에 띈다는 이유만으로도 소비자의 마음을 바꿀 수 있다.

색깔 새로운 도전을 하는 기업들

 우유 업계에서 비전형적인 색을 먼저 시도한 유키지루시 메구밀크는 우유와 어울리지 않는 빨간색 포장지를 선택했다. 이 제품이 처음 매장에 등장했을 때, 많은 소비자들이 당황하거나 의아해했다.
 사실 유키지루시의 전신인 유키지루시 유업은 잇따른 불상사로 결국 폐업 수순을 밟게 되었는데, 이 회사의 브랜드 컬러가 흰색이었다. 새로운 출발을 알리는 의미에서 기존의 흰색 대신 보다 따뜻하고 친근한 인상을 주는 빨간색을 택한 것이다. 또한 일반적이지 않은 색을 사용함으로써 '혁신적, 신선함, 도전적'이라는 이미지를 줄 수 있다는 점도 고려되었을 것으로 보인다.

실제로 이 제품은 매장 내 우유 진열대에서 단번에 눈에 띄었다. 하지만 안타깝게도 도입 초기에는 매출이 오히려 감소했다. 이는 앞서 설명했듯, 이미지와 어울리지 않는 색을 사용한 제품은 소비자에게 거부감을 주며, 맛도 기대에 못 미칠 것 같은 인상을 줄 수 있기 때문이다. 이를 '이미지 불일치 효과'라고 한다.

그러나 같은 제품이 반복적으로 소비자의 시야에 들어오게 되면, 이러한 불일치 효과는 점차 줄어든다(황과 완, 2019). 점차 사람들은 빨간색도 우유의 하나의 전형적인 색으로 받아들이게 된다.

반면, 매장에서 눈에 띄는 효과는 그대로 유지된다. 즉, 처음의 위화감만 극복할 수 있다면, 오히려 눈에 잘 띄는 포장지로서 장점을 얻을 가능성이 생긴다. 이후 몇몇 우유 브랜드들도 이미지와 다른 색상의 포장지를 시도하기 시작했다.

색깔 감자칩이 파란색 포장지라니?

식품 포장지에는 전통적으로 잘 쓰이지 않는 색이 있는데, 대표적인 예가 파란색이다. 파란색은 식욕을 억제하는 효과가 있다고 알려져 있으며, 실제로 파란색 포장지를 사용하는 식품이나 과자 제품은 매우 제한적이었다. 그런데 고이케야는 감자칩 포장지에 과감하게 파란색(하늘색에 가까운 푸른색)을 도입했다. 이 시도는 마침 고이케야가 브랜드 전략을 전면적으로 리뉴얼하던 시기에 이루어졌다(사토 Sato, 2023).

결과는 대성공이었다. 이 파란 포장지는 마트나 편의점의 감자칩 코너에서 단번에 눈길을 끌었고, SNS 등에서도 큰 화제를 모았다. 하지만 고이케야가 단지 주목을 끌기 위해 파란색을 선택한 것은 아니다. 파란색이 사용된 제품은 '감자와 소금' '오호츠크해 소금과 암염' 같은 소금맛 제품군이었다는 점에 주목할 필요가 있다. '소금'에서 '바다'를, '바다'에서 '푸른색'을 연상시키는 흐름을 감안하면, 색상과 맛 이미지의 일치 효과 역시 의도했을 가능성이 높다. 이처럼 콘셉트와 어울리는 포장지 디자인 감각, 그리고 이를 실제 시장에 투입한 실행력은 매우 뛰어나다고 평가할 수 있다.

마케팅 스토리

트로피카나 포장지 리뉴얼 프로젝트

    트로피카나는 우리에게 오렌지 주스로 익숙한 세계적인 음료 브랜드다. 오렌지에 빨대를 꽂은 브랜드 마크와 약간 과장된 글꼴의 로고는 오랫동안 트로피카나를 상징해 온 디자인이었다. 하지만 트로피카나는 2009년 포장지 디자인을 새롭게 바꾸기로 결정했다.

    유명 광고회사인 아넬 그룹이 이 프로젝트를 맡았고, 약 5개월 동안 한화로 약 35억 엔을 투입해 새로운 포장지를 개발했다(리 연구팀 Lee et al., 2010). 새 포장지는 유리컵에 담긴 오렌지 주스를 크게 강조한 디자인으로, 먹음직스럽고 식욕을 자극하는 느낌이 가득한 것이 특징이었다. 또한 전통적인 브랜드 마크를 과감히 없애고, 로고도 보다 현대적이고 세련된 느낌으로 새롭게 만들었다. 만약 트로피카나를 처음 보는 사람이 기존 포장지와 새 포장지를 비교했다면, 대부분이 새로운 디자인이 더 낫다고 느꼈을 것이다.

    리뉴얼의 결과는 놀라웠다. 포장지 변경 이후 트로피카나의 매출은 20%나 감소해 버린 것이다. 결국 회사는 서둘러 기존 포장지로 바꾸었다.

    이 실패에 대해 전문가들은 다양한 분석을 내놓았다. **그중 가장 큰 원인은 트로피카나를 상징하던 고유한 로고와 글꼴이 사라진 것, 포장지가 다른 오렌지 주스들과 크게 다를 바 없는 평범한 이미지로 바뀌었다는 점일 가능성이 크다.**

    비록 촌스럽게 느껴졌을지라도 기존 디자인에 익숙하고 애정을 가지고 있던 소비자들에게는 이러한 변화가 오히려 거부감으로 다가왔을 수 있다. '내가 마시고 싶은 건 옛날 감성의 그 트로피카나야, 새 포장지라면 다른 오렌지 주스랑 다를 바가 없잖아'라는 생각이 들었을지도 모른다. (※ 관련 내용은 3장 '리텐션 마케팅' 참고)

형태 고형 카레는 가로형, 즉석 카레는 세로형이 원칙이다

　포장지 색과 상품의 이미지가 일치하면 상품 평가에 긍정적인 영향을 준다. 그런데 색뿐만 아니라 포장지의 형태 역시 상품 이미지와 일치할 때 호감도는 더 높아진다.

　전형적인 포장 형태의 가장 대표적인 예는 컵라면 용기이다. 세계 최초의 컵라면은 닛신식품의 '컵누들'로, 이 용기 형태는 지금은 전 세계 컵라면의 표준이 되었다.

　카레의 경우도 마찬가지다. 고형 카레와 즉석 카레(3분 카레)는 포장 형태가 다르다. 고형 카레는 가로로 긴 직사각형 포장을, 즉석 카레는 세로로 긴 직사각형 포장을 사용하는 것이 일반적이다. 이러한 전통은 세계 최초의 즉석 카레인 오츠카식품의 '본카레'가 세로형 포장을 사용한 데에서 비롯된 것으로 추정된다. 이처럼 서로 다른 포장 형태는 소비자가 고형 카레와 즉석 카레를 혼동하지 않고 구분해서 구매할 수 있도록 도와주는 중요한 역할을 한다. 하지만 우유처럼 대부분 제품이 유사한 형태의 레이아웃을 사용한다면, 개별 제품의 차별화가 어려워지고 결국 매대에서 소비자의 시야에 묻힐 가능성도 있다.

형태 상식을 뒤집은 '메이지 더 초콜릿'의 세로형 포장

기존의 익숙한 디자인에서 벗어난 형태를 시장에 내놓는 일은 상당한 용기와 결단이 필요하다. 그러나 그 도전이 성공할 경우, 매대에서 독보적으로 눈에 띄면서 차별화에 성공할 가능성이 높다.

초콜릿은 일반적으로 가로로 긴 형태에 맛있어 보이는 제품 사진이 들어간 디자인이 보편적이다. 하지만 메이지의 '더 초콜릿'은 전통적인 포장지와는 전혀 다른 방향을 선택했다. 이 제품은 세로로 긴 레이아웃을 택했고, 제품 사진 대신 여성 소비자를 겨냥한 세련된 디자인을 전면에 내세웠다. (사실 최초 버전은 가로와 세로 비율이 지금과는 조금 달랐고, 카카오 열매 사진이 들어간 흔한 느낌의 디자인이었다. 여기서 말하는 것은 그 다음에 나온 두 번째 버전의 디자인이다.) 그 결과, '더 초콜릿'은 초콜릿 코너에서도 강한 존재감을 드러내며 소비자의 시선을 사로잡는 데 성공했다.

형태 참신한 포장지가 반드시 기억에 남는 것은 아니다

신제품을 개발할 때는 색이나 형태 등에서 기존 상품과 유사한 패턴을 따르는 것이 일반적이다. 물론 참신한 색상이나 독특한 형태를 사용하는 것도 전략이 될 수 있다. 특히 비슷한 상품이 나란히 진열된 매대에서는 눈에 잘 띌 수 있고, 대세를 거스른다는 점에서 '개성'이나 '혁신'의 이미지를 줄 수 있으며, 화제가 될 가능성도 있다.

> 연구 결과

샴푸 용기의 색과 형태가 효용 인지에 미치는 영향

최근 출시되는 샴푸는 성능 면에서 대부분 뛰어나고, 브랜드 간 차이도 점점 구별하기 어려워지고 있다. 이 때문에 소비자가 느끼는 '효과가 있었다'는 감각, 즉 효용 인지는 단순히 제품 성능만으로 결정되는 것이 아니라, 용기의 형태나 색상 같은 디자인 요소에도 영향을 받는다. 이에 따라 내 연구실의 이케다 씨는 세 가지 용기 형태(둥근형, 각기둥형, 잘록형)와 일곱 가지 색상(흰색, 빨간색, 분홍색, 녹색 등)을 조합한 샘플을 제작하고, 각각의 조합이 주는 샴푸의 효용 이미지에 대해 실험 참가자들에게 평가를 요청했다.

> 그림 1-7

샴푸 용기 실험에 사용한 용기 모양

둥근형 　　　　각기둥형 　　　　잘록형

그 결과, 샴푸의 효용 인지는 두 가지 요인으로 구성된다는 사실이 밝혀졌다. 하나는 윤기와 광택감과 관련된 요인이고, 다른 하나는 산뜻함과 보송보송함 같은 감촉과 관련된 요인이다. 예를 들어, 핑크색과 노란색은 '윤기'와 '광택감'을 더 잘 느끼게 했고, 하늘색과 녹색은 '산뜻함'과 '보송보송함'을 더 강하게 인지하게 만들었다. 이 중에서도 녹색 또는 하늘색의 둥근 형태 용기는 전반적으로 가장 높은 효용감을 주는 것으로 나타났다.

하지만 장기적으로 보면 오히려 전형적인 패턴, 즉 소비자의 기존 이미지와 일치하는 디자인이 더 오랫동안 기억에 남는 경향이 있다. 이것이 바로 '스키마 일치 효과'이다. 스키마란 머릿속에 이미 형성된 이미지나 틀을 말하며, 이와 일치하는 정보일수록 장기 기억에 잘 저장된다.

> **마케팅 스토리**
>
> ### 시장 포지션에 따른 포장지 디자인 전략 - 콜라
>
> 마케팅의 대가 필립 코틀러는 기업을 질적인 자원과 양적인 자원의 두 축으로 나누어 네 가지 유형으로 분류한다.
>
> 첫째는 업계를 이끄는 리더, 둘째는 리더의 지위를 위협하며 도전하는 챌린저, 셋째는 시장에서 여러 지위에 분포한 팔로워, 넷째는 틈새시장을 공략하며 독특한 이미지나 이윤을 추구하는 니처이다.
>
> 이 분류는 콜라 시장에도 그대로 적용할 수 있다. 콜라 업계에서 코카콜라는 리더, 펩시콜라는 챌린저, PB 상품이나 마이너 브랜드 콜라는 팔로워, 크래프트 콜라와 같은 개성 있는 상품은 니처에 해당한다.
>
> **표 1-2**
>
> **코틀러가 나눈 기업의 4분류**
>
> | 상대적 경영 자원의 위치 | | 양적 자원 | |
> |---|---|---|---|
> | | | 대 | 소 |
> | 질적 자원 | 높음 | 리더(No.1) | 니처(No.4) |
> | | 낮음 | 챌린저(No.2) | 팔로워(No.3) |

기업이 처한 시장 포지션에 따라, 포장지 디자인 전략도 달라져야 한다.

리더는 이미 확보한 지위를 유지하고 고객 이탈을 방지하는 리텐션retention 마케팅이 중요하므로, 포장지 디자인도 보수적이고 대중적인 방향을 추구한다. 챌린저는 리더에 대한 공격과 점유율 탈환이 중요한데 이를 위해서는 리더와의 차별화가 핵심이다. **예컨대 코카콜라가 빨간색을 사용한 것에 대응해, 펩시가 파란색을 강조한 것은 시각적으로 가장 대비되는 색을 사용해 브랜드를 명확히 구분 짓기 위한 전략이다.** 팔로워는 리더의 디자인을 모방하고 가격 경쟁력을 무기로 한다. 실제로 많은 PB 상품이나 마이너 브랜드 콜라들이 코카콜라와 유사한 빨간색 캔을 사용하면서 약간 저렴한 가격에 판매되는 것은 이 때문이다. 니처는 대세와 철저히 다른 디자인을 택한다. 예를 들어 유리병을 사용하거나, 빨간색이나 파란색이 아닌 완전히 다른 색상을 사용하는 식이다. 이는 소비자에게 '이건 일반적인 콜라와는 다르다'는 메시지를 주기 위한 것이다. 유니크함과 차별성이 니처 제품의 핵심 가치이기 때문이다.

레이아웃 맛있어 보이는 포장지에는 법칙이 있다

스프 포장지를 살펴보면, 따뜻한 스프를 수저로 떠올린 장면이 사진으로 많이 사용된다. 이때 흥미로운 점은 수저가 오른쪽에서 나오는 이미지가 많은데, 이는 단순한 우연이 아니라 실제로 오른쪽에서 수저가 나올 때 더 맛있게 보이는 심리적 효과 때문이다.

> 그림 1-8

수저가 오른쪽에서 나오는 스프의 포장지

(포카삿포로푸드 & 베버리지 / 2024년 5월 시점의 포장지)

레이아웃 정말 오른쪽에서 수저가 나오면 더 맛있어 보일까?

나는 이를 입증하기 위해 수저로 스프를 퍼올린 사진과 그 사진의 좌우 반전본을 준비해, 대학생들에게 11개 항목으로 이미지 평가를 요청했다. 평가 항목으로는 '먹고 싶다' '따뜻하다' '맛을 느낀다' '크리미하다' 등이 있었고, 응답은 '전혀 그렇지 않다'부터 '매우 그렇다'까지 7단계였다.

그 결과, 통계 기법인 인자 분석을 통해 항목들은 크게 '맛있어 보인다' 그룹과 '식욕이 생긴다' 그룹으로 나뉘었다. 그리고 이 두 평가 항목 모두에서 그림 1-9(b)와 같이 오른쪽에서 수저가 나오는 이미지가 왼쪽에서 나오는 이미지보다 훨씬 더 긍정적인 반응을 얻었다.

> 그림 1-9

수저 방향에 따른 스프 이미지

(a) 실험에 사용한 스프 사진

(b) 수저 방향과 맛의 인지 관계

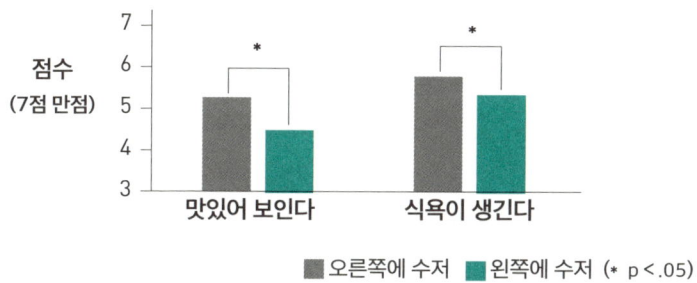

즉, 수저가 오른쪽에서 나오는 레이아웃이 더 맛있어 보이고 식욕을 자극하는 효과가 있다는 사실이 실험으로 입증된 것이다.

레이아웃 식욕을 돋우는 사진의 비법

정책적으로 창업을 지원하는 일본의 공적 금융기관인 일본정책금융공고(JFC)는 음식점 업주들을 위해 〈사진 찍는 법 가이드 음식점 편〉이라는 팜플렛을 제작했다. 이 자료는 식품 관련 업종 종사자라면 반드시 참고할 만한 실용적인 내용이 담겨 있다. 이 팜플렛에는 음식 사진을 찍을 때 맛있어 보이게 만드는 촬영법에 대한 노하우와 여러 실험 결과도 실려 있다.

그림 1-10

식사 장면을 연상시키는 사진 찍는 법

(일본정책금융공고)

Q. 다음 사진 중에서 가장 맛있어 보이는 사진은 무엇입니까?

ⓐ 회 9%

ⓑ 회 + 젓가락 + 일본술 49%

ⓒ 회 + 일본술 18%

ⓓ 회 + 젓가락 24%

그중 하나는 그림 1-10에 나온 실험이다. 이 실험에서는 4종류의 접시에 놓인 회 사진 중 가장 맛있어 보이는 사진을 고르게 했다.

그 결과, 사람들은 단순히 회만 놓인 접시보다 젓가락이 함께 놓인 사진을 골랐다. 또한, 젓가락에 더해 술이 곁들여진 사진이 가장 맛있어 보인다는 평가를 받았다.

레이아웃 멘탈 시뮬레이션 효과

그렇다면 특정 이미지가 맛있어 보이는 이유는 무엇일까? **이러한 이미지는 소비자가 머릿속에서 실제로 그것을 먹고 있는 장면을 더 쉽게 상상하게 만들기 때문이다. 이를 '멘탈 시뮬레이션 효과(또는 운동 유창성 효과)'라고 한다**(일렌 연구팀 Eelen et al., 2013).

멘탈 시뮬레이션이 쉬울수록 사람은 실제로 그 음식을 먹고 있다는 착각을 하게 되고, 그에 따라 미각, 후각, 촉각이 자극된다. 더불어 과거에 그 음식을 먹은 경험까지도 떠오를 수 있다.

식품뿐 아니라 조명, 밝기, 방향, 사진의 크기, 옆에 놓인 소품, 소품의 방향 등이 제품에 대한 평가, 이미지, 구매 의사에 영향을 준다.

레이아웃 : 효과적인 레이아웃 배치

초콜릿이나 고형 카레 등 가로로 긴 포장지 레이아웃은 이미지 정보(상품 사진 등)와 언어 정보(상품명, 브랜드명, 카피 문구)로 구성되어 있다. 그렇다면 이 구성은 어떤 배치가 가장 효과적일까?

일반적으로 좌뇌는 언어 정보를, 우뇌는 형상 정보를 처리한다고 알려져 있다. 신경계는 시교차를 통해 시야와 반대측의 뇌와 연결되

그림 1-11

포장지를 좌우 반전시킨 실험

(Rettie & Brewer, 2000)

(a) 실험에 사용한 포장지 이미지

(b) 이미지 정보와 언어 정보의 기억 테스트 성적

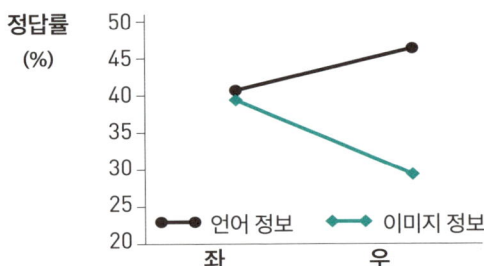

어 있다. 따라서 좌시야의 정보는 우뇌, 우시야의 정보는 좌뇌로 전달된다. 이러한 점을 고려하면, 정보를 원활하게 처리하기 위해서는 좌시야에는 이미지 정보, 우시야에는 문자 정보를 제시하는 것이 효과적이다. 이것은 진실일까?

이 내용을 연구한 사람은 레티와 브루어 Rettie & Brewer, 2000 이다. 그들은 그림 1-11(a)와 같은 초콜릿, 롤케이크, 피자 등의 포장지 디자인을 만들었다. 그리고 기본 레이아웃은 같지만, 이미지 정보와 언어 정보의 위치만 좌우로 반전시킨 포장지도 제작했다.

이 광고를 실험 참가자에게 무작위로 500밀리초 동안 제시한 후, 광고에서 본 이미지 요소와 언어 요소에 대한 기억력 테스트를 실시했다. 이미지 테스트는 감자의 수를 묻는 등 시각적 요소, 언어 테스트는 광고 문구 기억 여부를 중심으로 구성되었다.

그 결과, 언어 정보는 오른쪽 시야(좌반구)에 제시했을 때, 이미지 정보는 왼쪽 시야(우반구)에 제시했을 때 더 높은 기억 성적을 보였다. 참고로, 이 실험은 일본에서도 이시이 Ishii, 2010 등이 추가 실험을 시도했지만 일관된 재현에는 실패했으며, 앞으로도 지속적인 검토가 필요한 주제로 평가된다.

그림 1-12

실시 전과 실시 후를 보여주는 광고 평가

(Chae & Hoegg, 2013)

(a) 실험에 사용한 포스터 사진 이미지

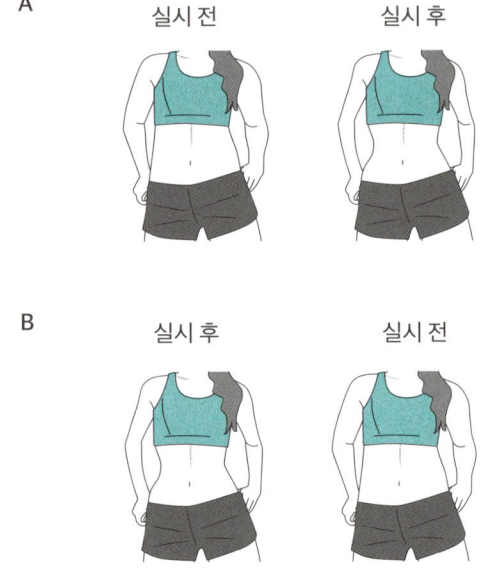

(b) 사진의 순서와 광고의 평가

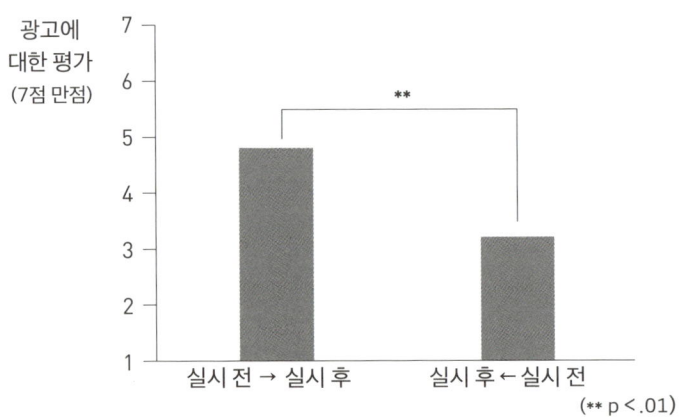

(** p < .01)

레이아웃 좌(사용 전) → 우(사용 후) 레이아웃의 효과

우리는 평소에는 잘 의식하지 않지만, 시간의 흐름을 시각적으로 표현할 때 왼쪽을 과거, 오른쪽을 미래로 인식하는 경우가 많다. 이는 사용하는 언어의 쓰기 방향과 관련이 있는 것으로 알려져 있다. 예를 들어 영어와 일본어처럼 왼쪽에서 오른쪽으로 쓰는 언어를 사용하는 사람들은 자연스럽게 왼쪽을 과거, 오른쪽을 미래로 여긴다. 반면 아라비아어나 히브리어처럼 오른쪽에서 왼쪽으로 쓰는 언어권에서는 오른쪽이 과거, 왼쪽이 미래라는 이미지가 형성되는 경우가 많다고 한다 Chae & Hoegg, 2013.

과거와 미래가 중요한 광고 표현으로는 사용 전(과거)과 사용 후(미래)를 비교하는 유형이 있다. 구체적으로는 다이어트, 운동, 메이크업 등이다. 이런 방식의 광고에서는, 사용 전과 사용 후의 사진을 보여주며 이 상품이나 서비스를 사용한 뒤 얼마나 달라졌는지(날씬해졌는지, 예뻐졌는지)가 표현되어 있다. 이런 가정을 실험으로 확인한 것이 채와 후에그 Chae & Hoegg, 2013의 연구다. 이들은 영국의 한 대학에서 영어, 프랑스어, 한국어처럼 왼쪽에서 오른쪽으로 읽는 언어를 사용하는 학생들을 대상으로, 슬림핏 프로그램 광고 포스터를 보여주고 그 인상을 7단계로 평가하게 했다. 포스터는 '프로그램 실시 전' 이미지가 왼쪽에 있는 버전과 오른쪽에 있는 버전, 두 가지를 무작위로 나눠 제시했다. 그 결과, 예상대로 '실시 전'이 왼쪽에 있고 '실시 후'가 오른쪽에 있는 포스터가 1.5점 이상 더 높은 평가를 받았다.

03
상품명이 품질을 정한다

메뉴에 이 한마디를 덧붙이면 맛있어진다

레스토랑에 가서 메뉴를 고를 때를 생각해보자. 메뉴에 보통 사진이 들어간 경우라면 사진을 보고 선택하겠지만, 종종 글자만 있는 메뉴판도 있다. 이때 같은 메뉴라도 어떻게 쓰여져 있느냐에 따라 판매량에 차이가 있다는 연구가 있다.

이 현상을 처음 연구한 것은 완싱크 연구팀Wansink et al., 2001이다. 실험은 미국 일리노이 대학의 교직원 식당에서 진행되었다. 화요일과 금요일 점심 시간에 늘 제공되던 6가지 메뉴를 대상으로, 기존처럼 요리 이름만 표기한 경우와 그에 한마디를 덧붙인 이름으로 표기한 경우를 비교했다. 예를 들어, 같은 요리라도 '빨간 강낭콩 라이스 곁들임' 대신 '전통적인 케이준 풍미의 빨간 강낭콩 라이스 곁들임'으로, '애호박 쿠키' 대신 '할머니가 구워주신 수제 애호박 쿠키!'와 같이 바꿨다.

실험에서는 이 메뉴들을 고른 사람에게 식사 후 설문조사를 실시해, 요리의 맛이나 레스토랑에 대한 인상, 2주 뒤에도 같은 요리를 다시 먹고 싶은지 여부, 먹은 요리의 가격 가치를 평가하게 했다. 그 결과, 요리명에 한마디를 덧붙인 메뉴는 그렇지 않은 메뉴보다 주문이 27% 증가했으며, 요리의 질에 대한 평가, 레스토랑에 대한 인상, 같은 메뉴를 다시 먹고 싶다는 항목 모두에서 유의미하게 높은 평가를 받았다.

호텔의 이름이 평가에 미치는 영향

이와 같은 '이름' 효과는 식품 외에도 다양한 상품이나 서비스에 영향을 미친다. 벤케 연구팀 Wänke et al., 2007은 호텔 이름이 평가에 미치는 영향을 다룬 연구를 진행했다. 그들은 '에델바이스' '알피나', 그리고 '파르나스'라는 세 가지 호텔 이름을 제시했다. 에델바이스는 꽃 이름이기 때문에 상쾌하고 느긋한 이미지를 떠올리게 하고, 알피나는 알프스나 알파인과 비슷한 어감 덕분에 스포티한 이미지를 연상시킨다. 반면 파르나스는 특별한 이미지가 떠오르지 않아 상대적으로 중립적인 이미지를 줄 것이다.

실험에는 알프스 스키 여행을 계획하고 여행사에 방문한 1,000명의 고객들이 참여했다. 이들은 위의 세 가지 호텔을 포함한 총 16개

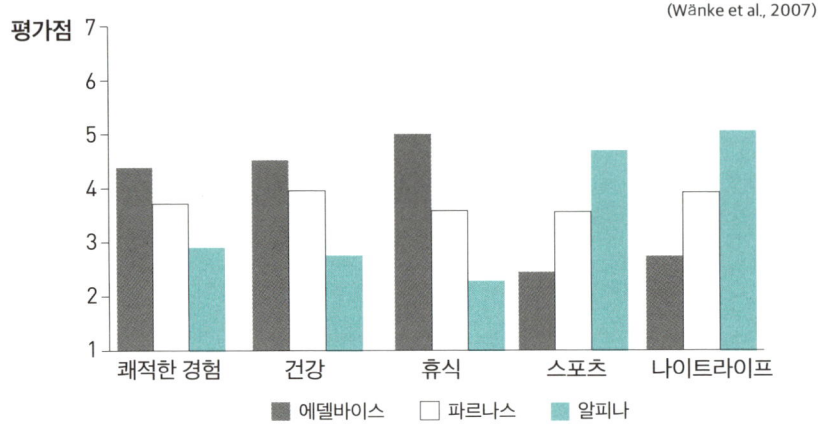

그림 1-13 호텔의 이름과 평가의 관계 (Wänke et al., 2007)

의 호텔을 대상으로 5가지 측면(쾌적한 경험, 건강, 휴식, 스포츠, 나이트라이프)에 대한 기대치를 평가했다. 참가자 중 절반에게는 호텔 이름만 공개하고, 나머지 절반에게는 각 호텔의 38개 특징(로케이션, 댄스 가능 여부, 레스토랑의 다이어트 메뉴, 방에 미니 바 유무 등)을 제공한 후 평가를 진행했다. 단, 실험 대상이 되는 3개 호텔의 특징은 모두 동일했다.

결과는 예상대로였다. '에델바이스'는 쾌적한 경험, 건강, 휴식에서 가장 높은 점수를 받았고, '알피나'는 스포츠와 나이트라이프에서 뛰어난 평가를 받았다. '파르나스'는 모든 항목에서 중간 정도의 평가를 받았다. 흥미로운 점은 호텔의 특징을 본 그룹과 보지 않은 그룹 간의 평가 차이가 거의 없었다는 것이다. 또한, 다른 호텔들도 환경과 서비스는 비슷하다는 것을 말해도, 숙박 경험이 있는 사람들의 후기를 보여줘도, 심지어 '이 호텔은 이름을 바꿀 예정이에요(혹은 바꾼 지 얼마 되지 않았어요).'라는 정보가 주어져도 평가에는 큰 변화가 없었다. 이 실험은 결국 호텔의 이름이 고객의 평가에 큰 영향을 미쳤다.

잘 읽히는 이름일수록 더 신뢰받는다: 유창성 효과

상품명이나 브랜드명을 연구하는 과정에서 또 하나 흥미로운 현상이 발견되었다. 바로 '유창성 효과'다. 유창성 효과란 이름이나 브랜드가 읽기 쉬울수록(즉, 인지적으로 쉽게 처리될수록) 사람들의 호감도가 높아지는 현상을 말한다. 다시 말해, '읽기 쉬운 느낌(메타 인지)'이 상품 평가에 영향을 미친다는 것이다.

이 유창성 효과는 몇 가지 다른 심리 현상과도 관련이 있다. 그중 하나는 '단순 접촉 효과'다. 이것은 어떤 대상이라도 반복해서 보기만 해도 점차 호감을 느끼게 되는 현상이다(사이언스, 1968). 단순 접촉 효과가 작용하는 메커니즘 중 하나가 바로 유창성이다. 자주 보게 되면 우리는 그 문자를 점점 더 쉽게, 더 빠르게(즉, 유창하게) 읽을 수 있게 되기 때문에 자연스럽게 호감도가 올라간다. 이는 '프라이밍 효과'라고도 불린다.

또 다른 관련 현상은 '오리지널 폰트 효과'다. 기업 로고나 상품 포장에 사용되는 글꼴도 눈에 익은 오리지널 폰트일수록 호감도가 높아지는 경향이 있다(야니셰프스키와 메이비스 Janiszewski & Meyvis, 2001), 브레시아니와 델 폰테 Bresciani & Del Ponte, 2017). 이 역시 오리지널 폰트가 더 익숙하고, 더 쉽게 읽히기 때문으로 해석된다. 프라이밍 효과는 글자체 같은 디자인 요소에도 민감하게 작용하며, 익숙한 경우에는 그 효과가 더욱 강해진다.

그렇다면 왜 이러한 유창성 효과가 나타나는 걸까? 아마도 그 배경에는 인간의 진화가 있을 것으로 보인다. 즉, **한 번도 본 적 없는 것보다는 과거에 본 적 있거나 경험해본 것이 생존에 있어 더 안전했기 때문이다.** 모든 경험을 에피소드처럼 구체적으로 기억할 수는 없기 때문에, 인간은 어떤 대상을 유창하게 처리할 수 있는지를 기준 삼아 '안전 여부'를 판단해 왔을 가능성이 있다.

유창성 효과의 예외라면?

유창성 효과는 그 자체로 꽤 강력한 힘을 지니고 있다. 그래서 기업들은 소비자가 자사 상품이나 브랜드 이름을 얼마나 유창하게 읽을 수 있을지를 두고 다양한 방식으로 고민한다. 예를 들어, 이름에 박자감을 더해 CF에 활용하거나, 상품명을 반복해서 부르는 방식 등을 사용한다.

일반적으로는, 발음이 쉬운 이름일수록 소비자에게 호감을 더 쉽게 얻을 수 있다고 여겨진다. 그러나 모든 경우에 이 원칙이 적용되는 것은 아니다. 상품이나 브랜드의 성격에 따라서는 오히려 발음이 어렵고 유창하게 읽히지 않는 쪽이 더 적절할 때도 있다. 예를 들어 럭셔리 브랜드의 경우, '하이디'처럼 짧고 쉽게 읽히는 이름보다는 '프로일라인 로튼마이어'처럼 길고 복잡하며 발음하기 어려운 이름이 더 고급스럽게 느껴진다.

긴 브랜드 이름은 럭셔리하게 느껴진다

이 현상을 실험을 통해 검토한 것은 파탁 연구팀[Pathak et al., 2019]이다. 이들은 먼저 단음절, 2음절, 3음절로 이루어진 가상의 브랜드명을 다수 만들어냈다. 그리고 실험 참가자들에게 이 브랜드명을 보여주고 평가하게 했다. 평가 기준은 1점(전혀 럭셔리하지 않고 기본 브랜드 같다)부터 11점(전적으로 럭셔리 브랜드 같다)까지의 척도였다. 결과는 그림 1-14에 제시되어 있다. **예상대로, 읽기 어려운 이름일수록 더 럭셔리한 브랜드처럼 인식된다는 결과가 나타났다.**

그렇다면 이름이 길고 복잡하면 복잡할수록 럭셔리하게 느껴질까? 이를 확인하기 위해 연구팀은 4음절, 5음절, 6음절의 브랜드명을 추가로 제작해 실험을 진행했다. 사용된 브랜드명의 예시는 표 1-4에 정리되어 있다. 그 결과, 브랜드명이 길수록 럭셔리하다는 인식은 계속 증가했지만, 3음절을 초과한 이후에는 그 차이가 거의 나타나지 않았다. 즉, 소비자가 브랜드명을 기억하는 용이성까지 고려한다면, 럭셔리 브랜드명을 만들 때는 3음절 정도가 가장 적절하다고 볼 수 있다.

표 1-3

실험에 이용된 가상의 브랜드 이름 예시

(Pathak et al., 2019)

단음절	2음절	3음절
Balm	Balma	Balama
Blim	Bolim	Bolima
Boond	Boonad	Boonado
Deern	Deerno	Deerono
Kurs	Kurso	Kuroso
Mosp	Mosep	Mosepa
Nord	Norda	Norada
Nork	Narok	Narokia
Plim	Polim	Polima
Rond	Ronda	Ronada
Rooks	Rookso	Rookoso

그림 1-14

럭셔리 브랜드로 느껴지는지 평가

(Pathak et al., 2019)

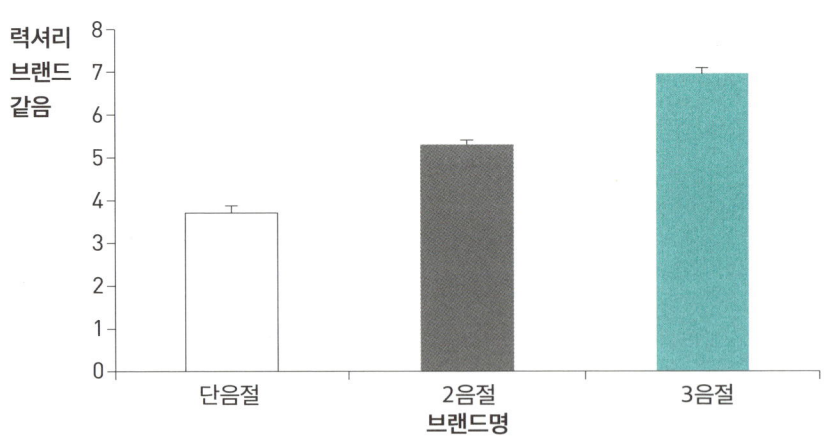

(오차 막대는 표준 오차를 나타냄)

표 1-4

실험에 이용된 가상의 브랜드 이름 예시

(Pathak et al., 2019)

단음절	2음절	3음절	4음절	5음절	6음절
Balm	Balma	Balama	Balomita	Balomitako	Balomitakoro
Doonb	Doonab	Doonabo	Doonaboko	Doonabokore	Doonabokoremu
Molb	Molib	Moliba	Molibato	Molibatora	Molibatorano
Nork	Narok	Narokia	Norakate	Norakatemo	Norakatemoli
Plim	Polim	Polima	Polimata	Polimatake	Polimatakebu
Rond	Ronda	Ronada	Ronadabi	Ronadabile	Ronadabilemee
Spem	Sopem	Sopema	Sopemata	Sopematalu	Sopemataluki

그림 1-15

럭셔리 브랜드로 느껴지는지 평가

(Pathak et al., 2019)

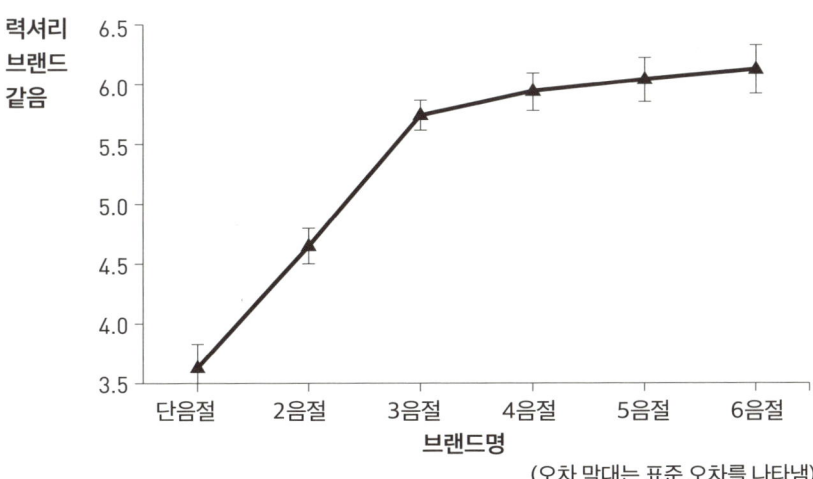

(오차 막대는 표준 오차를 나타냄)

이수르 다니엘로비치가 커크 더글러스가 된 까닭

이처럼 상품명은 상당한 영향을 미친다. **사실 이러한 효과는 상품이나 브랜드에만 해당되는 것이 아니라, 사람의 이름에도 동일하게 작용한다.** 예를 들어, 미국에서 '스미스Smith'는 가장 흔한 이름 중 하나인데, 미국 연방대법원 판사였던 올리버 웬들 홈즈 주니어는 이에 대해 "스미스라는 이름으로 태어났다면 그 순간부터 무명으로 끝날 운명이다"라는 무례한 발언을 한 적도 있다. 또한 쿨한 이미지를 내세우며 활동하려는 신인 액션 배우가 이미지와 맞지 않는 이름을 가지고 있다면, 그가 성공할 가능성은 떨어질 수 있다. 실제로 많은 스타가 이런 문제를 피하고자 예명을 사용하거나 이름을 바꾼다.

예를 들어, 미국에서 유명한 배우 중 한 명인 존 웨인John Wayne의 본명은 마리온 로버트 모리슨Marion Robert Morrison이었다. 또 하나의 대표적인 서부극 스타 커크 더글라스Kirk Douglas의 본명은 이수르 다니엘로비치Issur Danielovitch였다. 기분탓인지 활동명이 더 입에 잘 붙는 것 같지 않은가?

> 연구 결과

맥도날드 포장지 하나만으로도 맛있게 느껴진다

어떤 브랜드에 호감이 있다면, 그 효과는 절대적이다. 맥도날드는 특히 어린이들 사이에서 매우 높은 인지도와 호감도를 자랑한다. 이는 해피밀 세트 같은 효과적인 판매 전략 덕분일 것이다. 로빈슨 연구팀은 아이들이 '맥도날드'라는 상표만 붙어 있어도 그 상품을 더 맛있게 느끼는지를 확인하기 위한 실험을 진행했다.

표 1-5

아이들이 맛있다고 선택한 비율

(Robinson et al., 2007)

음식/음료	맛있다고 선택한 비율(%)		
	흰색 포장지	같은 것	맥도날드
햄버거	36.7	15.0	48.3
치킨 너겟	18.0	23.0	59.0
프렌치프라이	13.3	10.0	76.7
우유	21.0	17.7	61.3
당근	23.0	23.0	54.1

실험에는 만 3세 반부터 5세 반까지의 유치원생 63명이 참여했다. 실험자는 인근 맥도날드에서 햄버거, 치킨너겟, 감자튀김, 우유를 구입한 뒤, 절반은 맥도날드의 포장지 그대로, 나머지 절반은 아무런 표시가 없는 흰색 포장지에 담아 아이들에게 제공했다. 그 결과, 햄버거의 경우에는 포장지에 따른 차이가 크지 않았지만, 나머지 메뉴에서는 맥도날드 포장지에 담긴 음식이 압도적으로 맛있다는 평가를 받았다.

흥미로운 점은, 실험 중 일부러 맥도날드에서 판매하지 않는 채소인 당근을 포함시켰다는 것이다. **그런데 놀랍게도 아이들은 맥도날드 로고가 붙은 당근을, 아무 표시 없는 흰색 포장의 당근보다 더 맛있다고 판단했다.** 로빈슨 연구팀은 이 결과를 바탕으로 "아이들에게 채소를 먹이는 가장 효과적인 방법은 그것을 맥도날드 포장지에 담는 것"이라는 결론을 내렸다.

04
선택지의 수가 구매를 좌우한다

선택지가 적어야 좋다?

요즘은 주방 세제 하나를 사려고 해도, 많은 고민이 필요하다. 이처럼 현대 사회에서는 여러 선택지에서 자신에게 가장 잘 맞는 것을 골라 구매한다.

오랜 시간 동안 사람들은 '선택지는 많을수록 좋다'고 인식해왔고, 기업들도 이에 맞춰 라인업을 다양하게 확장하는 방향으로 상품을 개발해왔다. 하지만 **최근 들어, 선택지가 너무 많은 것이 오히려 좋지 않은 것이 아닐까 하는 논의가 제기되었다**. 예전에는 레스토랑에서 스파게티라고 해봤자 미트소스와 나폴리탄 두 종류뿐이었지만, 지금은 다양한 종류의 파스타를 선택할 수 있다. 그렇다면 도대체 누가, 어떤 이유로 '선택지는 적은 것이 더 좋다'고 주장하기 시작한 것일까?

슈왈츠의 선택이론

이 주장을 처음 제기한 사람은 사회심리학자 슈왈츠Schwartz, 2004이다. 그는 '물건을 구매할 때, 선택지가 1개에서 2개, 3개로 늘어나면, 이에 따라 구매 만족도와 긍정적인 감정도 함께 증가할 것'이라고 했다. 예를 들어, 3개 중 하나를 고를 때보다 4개 중 하나를 고를 수 있을 때, 내가 진짜 원하는 것을 얻을 가능성은 높아진다는 것이다. **단, 선택지가 100개일 때와 101개일 때의 차이는 거의 없을 것**이라고 했다. 이 관계를 그래프로 나타낸 것이 그림 1-16(a)이다.

이렇게만 보면 선택지는 많으면 많을수록 좋은 것처럼 보인다. 하지만 한편으로는, 선택지가 많아질수록 구매 전에 '고르기 귀찮다' '괜히 이상한 걸 고르면 어떡하지'라는 고민이 생길 확률이 높고, 구매 후에는 '역시 그걸로 할 걸 그랬나' '그 색(디자인)이 더 나았던 것 같아' 같은 후회나 부정적인 감정이 생길 가능성도 높아진다.

이처럼 부정적인 감정의 증가를 그래프로 나타낸 것이 그림 1-16(b)이다. 그리고 이 긍정적 감정에서 부정적 감정을 뺀 종합적인 감정 곡선을 도식화하면 그림 1-17처럼 된다. 이 그래프를 보면 선택지의 수가 어느 정도 '중간 수준'일 때, 가장 높은 만족감과 긍정적인 감정이 나타난다는 것이 분명해진다.

그림 1-16

선택지가 늘어나는 것에 따른 감정 변화

(Schwartz, 2004)

(a) 긍정적인 감정

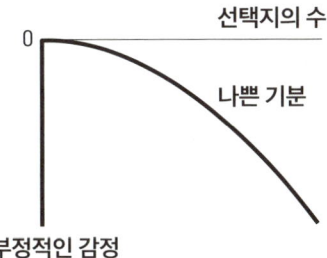

(b) 부정적인 감정

그림 1-17

선택지가 늘어나는 것에 따른 종합적인 감정 변화

(Schwartz, 2004)

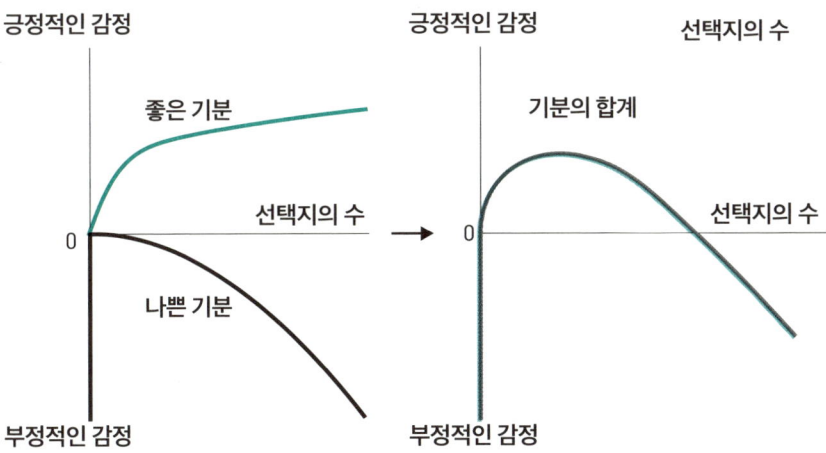

아이엔가의 잼 실험

이러한 결론은 기존의 상식을 뒤집는 것이기 때문에, 쉽게 믿기 어렵다. 이와 관련한 추가 실험 중 가장 유명한 것이 아이엔가와 레퍼Iyengar & Lepper, 2000의 이른바 '잼 실험'이다. 이 실험은 미국 캘리포니아에 있는 고급 슈퍼마켓 '드레이거스Draeger's'에서 진행되었다. 연구팀은 각각 다른 시간대에 6종류와 24종류의 잼을 진열하고, 소비자들이 자유롭게 시식하고 구매할 수 있는 부스를 설치했다.

부스는 각 5시간씩 운영되었으며, 이 시간 동안 슈퍼마켓을 방문한 전체 인원은 754명이었다. 그중 부스 앞을 지나간 사람은 총 386명이었다. 이 가운데 시식 부스에서 발길을 멈춘 사람은 24종류 조건에서 242명 중 145명(약 60%), 6종류 조건에서는 260명 중 104명(약 40%)이었다. 즉, 24종류의 잼 진열이 소비자의 주목을 끄는 데는 더 효과적이었다. 하지만 실제로 잼을 구매한 비율은 전혀 달랐다. 24종류 조건에서는 145명 중 단 4명(약 3%)만이 구매했지만, 6종류 조건에서는 104명 중 31명(약 30%)이 잼을 구매했다.

연구팀은 이처럼 선택지 수가 많아질수록 오히려 선택 행동이 감소하고, 선택 후 만족감도 떨어지는 현상을 '선택의 오버로드 효과choice overload effect'라고 명명했다. 다시 말해, 선택지가 너무 많아진 결과로 인해 소비자들은 선택하는 것이 번거롭게 느껴지고, 결국 구매 자체를 포기하게 되는 경향이 있다는 것이다.

아이엔가의 초콜릿 실험

그렇다면 그들이 선택한 것의 '맛'은 어땠을까? 이 문제에 대해서도 아이엔가와 레퍼는 검토를 진행했다. 단순히 '고디바 초콜릿의 마케팅 조사 및 시식'이라는 명목으로 대학생들을 모집해, 참가자를 무작위로 세 그룹으로 나누었다. 1그룹은 진열된 6종류의 초콜릿 중에서 하나를 선택해 시식하는 조건(소선택지 조건), 2그룹은 30종류 중에서 하나를 선택해 시식하는 조건(다선택지 조건), 3그룹은 미리 정해진 하나의 초콜릿을 시식하는 조건(선택 없음 조건)이었다. 진열된 초콜릿에는 각각의 이름 라벨이 붙어 있었다.

실험 결과, 7점 만점 기준으로 평가한 초콜릿의 맛 만족도는 소선택지 조건에서 6.28점, 다선택지 조건에서 5.46점, 선택 없음 조건에서 4.90점으로 나타났으며, 소선택지 조건이 가장 높은 평가를 받았다. 또한 실험 종료 후, '선택한 초콜릿을 가져가거나 5달러 중 하나를 선택할 수 있다'고 하자, 소선택지 조건에서는 48%가 초콜릿을 선택한 반면, 다선택지 조건에서는 12%, 선택 없음 조건에서는 10%만이 초콜릿을 선택했다.

이 실험 결과 역시, 선택지가 너무 많을 경우 오히려 만족도가 낮아지고, 맛조차도 덜 맛있게 느껴질 수 있다는 점을 보여주었다.

서브웨이는 너무 어렵다

아베Abe, 2019는 샌드위치 프랜차이즈 서브웨이가 일반 소비자들에게 장벽이 생기는 이유로, 선택지가 지나치게 많기 때문이라고 지적한다. 서브웨이에서는 샌드위치의 종류부터 빵, 각종 토핑, 치즈, 채소, 드레싱, 소스까지 선택해 자신만의 조합을 만들어야 한다. 참고로 서브웨이 공식 홈페이지에서는 7,000만 가지 이상의 조합이 가능하다고 말한다. 이렇게 선택지가 많아지면 고객은 처음부터 다른 햄버거 프랜차이즈로 가버릴 수도 있다.

기능이 많을수록 무조건 좋을까?

이 현상은 상품 라인업뿐만 아니라, 하나의 상품이 가진 '기능' 측면에서도 마찬가지이다. 기능이 많은 전자제품의 상위 모델은 얼핏 보기에는 매력적으로 보이지만, 막상 구매해 보면 많은 사람이 기능이 많아도 실제로 쓰는 것은 일부에 불과하다.

하지만 기술자들은 기능을 줄이는 것보다 오히려 기능을 계속해서 추가하는 데 집중한다. 물론 새롭게 추가된 기능은 사용하면 편리할 수 있다. 그러나 대부분의 일반 소비자에게는 굳이 사용하지 않아도 전혀 불편하지 않고, 사용법을 익히는 것도 귀찮기 때문에 결국 '쓸모없는 기능'으로 인식되기 쉽다. 그 결과 '비싸기만 한 제품' '괜히 손해 본 느낌'만이 남는다.

그래서 이런 경험을 한 소비자는 다음 번에는 더 단순하고 심플한 제품을 선택하려고 한다. 이러한 상황은 '프로덕트 아웃product-out', 즉 소비자보다 기업 내부의 논리와 계획을 우선하는 사고방식에서 비롯된 것이다.

선택 피로 현상

선택지가 많은 것과 관련하여 또 하나 흥미로운 현상은 '선택 피로 현상'이다. 레바브 연구팀 Levav et al., 2010은 스위스의 대학원생을 대상으로 맞춤 정장 제작에 관한 실험을 진행했다. 연구팀은 참가자들에게 정장 샘플을 보여주고, 정장 제작을 위한 다양한 옵션을 선택하게 했다. 선택 항목은 안감 5종류, 벨트 8종류, 버튼 20종류, 넥타이 42종류, 셔츠 50종류, 옷감 100종류였다. 참가자들은 두 그룹으로 나뉘었다. 한 그룹은 '안감 → 벨트 → 버튼 ⋯ → 옷감' 순으로, 즉 선택지가 적은 항목부터 점점 많은 항목으로 이동하는 방식으로 선택을 진행했고, 다른 그룹은 '옷감 → 셔츠 → 넥타이 ⋯ → 안감' 순으로, 즉 가장 많은 선택지부터 점점 적은 항목으로 이동하는 방식이었다. 각 항목마다 하나의 옵션에는 무작위로 '추천 상품'이라는 라벨이 붙어 있었다.

연구팀은 처음부터 많은 옵션이 주어지면, 사람들은 빨리 지칠 것이라고 예측했다. 실험 결과는 그림 1-18에 나타나 있다. 예상대로, 100종류의 옷감부터 선택을 시작한 그룹은 처음부터 바로 선택 피로

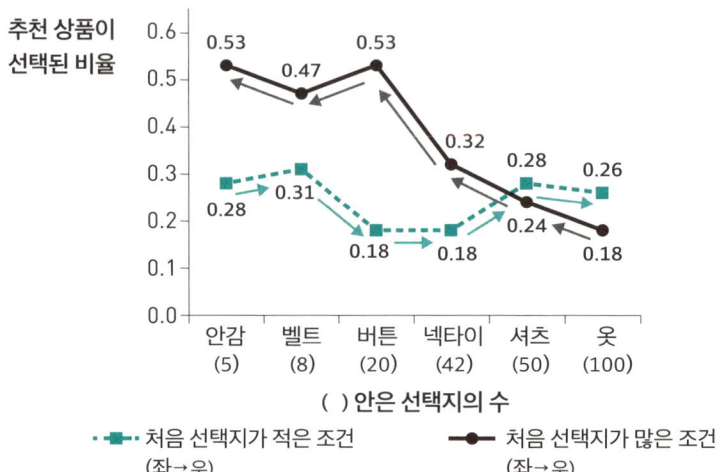

현상에 빠졌다. 선택 피로가 발생하면 추천 상품 위주로 선택하게 되고, 그 결과 완성된 정장에 대한 만족도 역시 낮아지는 경향이 있다는 것이 확인되었다.

정말로 선택지는 제한해야 하는가?

　아이엔가 연구팀의 잼 실험이나 '선택지는 적은 편이 좋다'고 주장한 슈왈츠의 이론은, 기존의 상식과 반대되는 주장이기도 해서 마케팅 교재나 비즈니스 서적에서 자주 다뤄진다. 하지만 최근에는 이러한 현상에 대해 적지 않은 비판이 제기되고 있다. 예를 들어 샤이베헤네 연구팀 Scheibehenne et al., 2010은, 이 주제를 다룬 60편의 논문과 63건의 실험 결과를 메타 분석한 결과, 평균 효과량이 거의 0에 가까웠다는 사실을 밝혔다. 이는 곧 오버로드 효과가 거의 발생하지 않았다는 의미이며, 결과적으로 '선택지는 많을수록 좋다'는 결론이 도출된 셈이다.

　하지만 다수의 연구자들은 특정 조건이 충족되었을 때, 오버로드 효과는 분명히 발생한다고 믿고 있다. 그들은 이러한 '특정 조건'이 무엇인지 규명하는 것이 중요하다고 보고, 지금도 활발히 연구를 이어가고 있다. 현재 몇 가지 유력한 가설들이 제시되고는 있지만, 아직까지 명확한 결론은 나오지 않았다. 개인적으로는 문화 차이의 정도가 아닐까 싶다. 실제로 미국의 스타벅스나 피자 전문점에 가보면 이러한 차이를 쉽게 체감할 수 있다.

> 연구 결과

처음에 테이스팅한 와인이 가장 맛있다

선택지가 다양할수록 단순히 그 수뿐만 아니라 제공 순서 역시 맛과 품질 평가에 영향을 미칠 수 있다. 만토나키스 연구팀Mantonakis et al., 2009은 캐나다의 대학생과 일반 시민을 대상으로 실험을 진행했다. 참가자들에게는 2종류에서 5종류까지의 현지 와인을 순서대로 테이스팅하게 한 뒤, 가장 맛있다고 느낀 와인을 선택하게 했다. 하지만 사실 참가자들이 마신 와인은 모두 동일한 와인이었다.

실험 결과, 어떤 조건이든 가장 먼저 시음한 와인이 가장 맛있다고 평가되었다. 이러한 경향은 특히 와인을 자주 마시지 않는 사람들보다, 오히려 와인에 익숙하고 지식이 있는 사람들에게서 더 뚜렷하게 나타났다.

> 그림 1-19

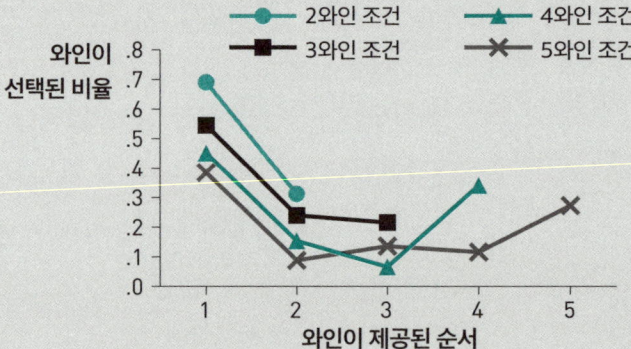

와인 시음 순서와 평가의 관계
(Mantonakis et al., 2009)

1장
정리

- 상품의 품질이 전반적으로 높아진 현재, 상품의 구매에 **심리**가 많은 영향을 미친다.

- **포장지**는 매출을 좌우한다. 상품의 색상, 형태, 레이아웃 등의 요소는 매출뿐만 아니라 소비자의 호감도와 인식에도 영향을 미친다.

- 포장지의 색과 형태가 상품 이미지와 잘 어울릴수록 시선이 더 잘 가고, 평가나 호감도 역시 높아진다.

- **상품명**이나 **브랜드명** 역시 성능 인식과 평가에 큰 영향을 미친다. 특히 발음이 쉽고 읽기 편한 이름이 긍정적으로 인식된다. 다만, 럭셔리 제품의 경우에는 오히려 어렵고 긴 이름이 더 고급스럽게 느껴지는 경우도 있다.

- **선택지**가 너무 많으면 오히려 만족도가 낮아질 수 있다는 연구 결과도 있지만, 이에 대해서는 최근 반론도 제기되고 있다.

가장 손쉽게 손님을 불러들이는 방법은 뭐니 뭐니 해도 가격을 낮추는 것이다. 평소에는 그다지 붐비지 않는 가게라도, 세일 기간에는 고객 수가 눈에 띄게 늘어난다. 마감 할인하는 가게는 그 시간대가 되면 갑자기 손님이 몰리기도 한다. 매출이 목표에 미치지 못할 것 같을 때, 매니저는 가장 먼저 할인 프로모션을 고려한다. 새로운 매장의 오픈 행사에서도 가격 인하 전략은 자주 사용된다. 예를 들어 대학가에 새로 생긴 라멘집에서는 '오픈 기념! 100엔 라멘' 같은 파격적인 세일을 실시한다.

고객을 모으는 데에는 확실히 효과가 있어 보이지만, 과연 그것이 정말로 좋은 방법일까? 이번 장에서는 가격이 소비자의 행동에 어떤 영향을 미치는지를 심리학의 관점에서 살펴보려 한다.

싸게 팔면 점점 더 안 팔리게 된다

- 가격의 심리학

01
오픈 행사를 노려라

신제품 햄버거를 얼마에 팔 것인가?

지금 당신은 햄버거 가게를 운영하고 있다. 당신의 가게는 대형 패스트푸드점에 비해 다소 비싸기는 해도, 신선한 재료를 사용한 수제 버거를 제공하는 점이 특징이다. 현재는 매장 하나가 유일하지만, 머지않아 인근 동네에 두 번째 매장을 오픈할 계획도 세우고 있다.

이러한 상황에서, 당신은 재료와 조리법을 더욱 연구해가며 새롭게 자신 있는 신상 버거를 개발했다. 실제로 본인이 먹어보아도 만족스러운 상품이다. 당신이 이 메뉴를 가게의 메인 상품으로 밀고 나갈 생각일 때, 문제는 이 훌륭한 신상품을 어떻게 홍보하고, 어떻게 시장에 성공적으로 안착시킬 것인가 하는 점이다.

당신은 '맛'으로 승부를 보면서 패스트푸드 체인점의 고객 일부를 끌어오고 싶다는 생각을 갖고 있다. 당신의 가게는 일정한 인기를 유지하고 있지만, 역과는 조금 떨어진 곳의 맥도날드는 언제나 사람들이 줄을 설 정도로 붐비고 있어, 상대적으로 비교가 될 수 있다.

이번에 새롭게 선보이는 햄버거는 정성을 들여 개발한 만큼, 너무 낮은 가격에 팔 수는 없다. 아무리 적게 받아도 단품 가격은 800엔 이상은 받아야 이익이 남는다. 자, 그렇다면 이 훌륭한 햄버거를 어떻게 세상에 알리고, 어떤 가격 전략을 세우는 것이 좋을까?

<문제> 당신은 어떤 판매 전략을 선택하는 게 좋을까?

- **전략 1** 이 햄버거를 처음부터 800엔으로 판매한다.
- **전략 2** 많은 사람들에게 맛을 알리기 위해 첫 3주 동안 50% 할인된 가격인 400엔으로 판매한다.

출시 기념가로 시장에 진입하는 이유

　우선 당신은, 평소 맥도날드 소비자들 가운데 '맛'을 중시하는 고객층을 신제품 쪽으로 유도해 단골 고객으로 만들고 싶었다. 하지만 이를 위해서는 우선 소비자가 그 햄버거를 '직접 먹어보게' 해야 한다는 전제가 있다. 현재 맥도날드는 주로 800엔 이하 세트 메뉴를 중심으로 판매하고 있으며, 이 가격대의 고객층을 겨냥하기 위해서는 보다 낮은 가격으로 시장에 진입하는 전략이 효과적일 것이다. 소비자들은 '이쪽도 가격이 비슷하네' '오히려 이쪽이 더 싸다'라는 인식을 갖게 되면 첫 구매의 진입장벽이 낮아지게 된다.

　이때 당신은 신제품을 음료 포함해 맥도날드보다 저렴한 가격으로 제공하는 방식이 이상적이라고 판단했다. 이 제품은 심혈을 기울인 야심작이었기 때문에, 한번 맛보면 반드시 재구매할 것이라는 품질에 대한 확신도 있었다. **결국 당신은 단품 기준 400엔이라는 가격으로 시장에 진입하기로 결정했다.** 물론 이 가격으로는 단기적으로 적자가 발생할 수밖에 없으므로, '출시 기념 할인'이라는 명분 아래 3주간 한정으로만 이 가격을 적용하는 것이다.

　남은 과제는 이 정보를 소비자에게 널리 알리는 것뿐이다. 이를 위해 다양한 홍보 수단을 활용한 프로모션 캠페인을 기획했다. 그 캠페인에는 당신의 맛있는 햄버거에 대한 뜨거운 열정, 그리고 무엇보다도 400엔이라는 출시 기념가가 강조되어 있었다.

마침내 고객 확보에 성공하다

자, 드디어 신제품 발매 당일. 홍보 효과 덕분인지 가게 앞에는 생각보다 긴 줄이 늘어서 있었다. 이번에 새롭게 선보인 햄버거는 큰 인기를 끌었고, 그날 하루 종일 가게에는 손님이 끊이지 않았다. 사이드 메뉴 판매까지 더해져, 개점 이래 최대 수익을 기록하는 하루가 되었다. 그 이후 약 3주간은 손님들의 발길이 계속 이어졌고, 직원들 역시 손이 모자랄 정도로 바쁘게 일했다.

중간에 몇 번 맥도날드 매장 상황을 살펴보러 갔는데, 기분 탓인지 평소보다 한산해 보였다. 이는 곧, 맥도날드의 고객 일부를 실제로 유입시키는 데 성공했다는 뜻이기도 하다.

출시 기념가 종료 후에는 무슨 일이?

하지만 문제는, 3주가 지나면 정가, 즉 800엔으로 가격을 인상하게 된다. 이 가격 장벽만 잘 넘긴다면 가게 운영은 안정적으로 이어질 것이라 기대하고 있었다. 그리고 마침내 3주 후가 되었다. 그런데 이게 웬일인가? 신제품 햄버거가 800엔이 되었다는 사실을 알고 발길을 끊은 손님들이 속출했다. 고객들 대부분은 안타깝게도 재방문 고객으로 이어지지 않았다.

내적 참조 가격의 함정

그렇다면 왜 이런 일이 벌어진 것일까? 사실 여기에는 '내적 참조 가격의 함정'이라는 심리적 현상이 숨어 있다. 먼저 가격에는 다음과 같은 세 가지 개념이 있다.

- **외적 참조 가격** : 희망 소매가나 포장지에 인쇄된 가격
- **실매 가격** : 실제로 판매되고 있는 가격. 할인이나 프리미엄 등이 반영되어 외적 참조 가격보다 낮거나 높게 형성되기도 한다.
- **내적 참조 가격** : 소비자 머릿속에 형성되어 있는, '이 정도가 적당하다'라고 인식하는 가격

그림 2-1

가격과 매출의 관계

(a) 경제학적인 가격과 매출의 관계

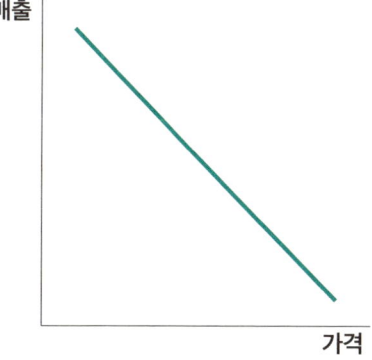

(b) 내적 참조 가격과 매출의 관계

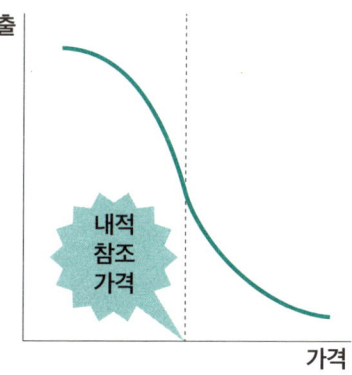

내적 참조 가격은, 말하자면 소비자가 스스로 만들어낸 심리적 기준 가격이므로 실제 거래에 큰 영향을 미치지 않을 것처럼 보인다. 사람들은 일반적으로 외적 참조 가격이 너무 높으면 상품이 팔리지 않고(살 마음이 사라지고), 너무 낮으면 잘 팔린다(사고 싶은 마음이 생긴다)고 생각한다. 이 관계는 그림 2-1(a)에서 나타난 것처럼 단순한 가격-수요 곡선으로 설명된다. 이런 관점에서는 내적 참조 가격이 개입할 여지가 없다.

구입 의사를 결정할 때 내적 참조 가격의 중요성

하지만 실제 구매 행동을 살펴보면, 가격과 매출 간의 관계는 전통적인 경제학에서 말하는 것처럼 단순하게 작동하지 않는다. 예를 들어 '각 티슈 5개입 묶음의 적정 가격이 얼마인가'를 생각해보자. 이 질문은 바로 당신의 내적 참조 가격을 묻는 것이다. 이 가격은 사람마다 다를 수 있다. 예를 들어 '나는 크리넥스 말고는 안 쓴다'는 사람에게는 490엔 정도가 적정 가격일 수 있다.

참고로 내가 생각하는 티슈의 내적 참조 가격은 389엔이다. 이는 보통 슈퍼에서 그 가격에 살 수 있다고 인식하고 있는 가격이다. 이제 어느 날, 슈퍼에 가보니 그 티슈가 387엔에 판매되고 있다고 하자. 이 경우 나는 아마 구매할 것이다. 반면, 391엔에 판매되고 있다면 '다음에 사야지'라는 생각이 들 수 있다. 만약 가격이 384엔이라면, 특별히 필요하지 않아도 그냥 구입할지도 모른다.

즉, 내적 참조 가격을 기준으로 구매 여부에 큰 변화가 생긴다. 내적 참조 가격을 중심으로 불과 작은 차이 안에서 행동에 큰 차이가 발생하는 것이다. 그림 2-1(a)는 실제로는 그림 2-1(b)와 같은 형태로 되어 있을 가능성이 크다.

가격과 구매 의사의 관계

당신이 평소에 구매하고 있는 상품에 대해 직접 내적 참조 가격을 떠올려보자. 아마도 그 그래프는 그림 2-1(b)와 유사한 형태가 되지 않을까?

그렇다면 이 현상이 의미하는 바는 무엇일까? 가장 중요한 것은, 내적 참조 가격이 구매 행동의 핵심 요인이라는 점이다. 별로 중요하지 않아 보이는 가격 차이처럼 느껴질 수도 있지만, 실제 구매에서는 실매 가격이 내적 참조 가격보다 싸게 느껴지는지 혹은 비싸게 느껴지는지에 따라 달라진다.

왜 신제품 햄버거는 갑자기 안 팔리게 되었나?

고객에게 햄버거의 내적 참조 가격은 아마도 맥도날드의 세트 가격일 것이다. 이 기준에 비해 더 낮은 가격에 신제품 햄버거를 출시한 것은, 매출을 끌어올리기 위한 전략이었다.

게다가 해당 메뉴는 재료와 품질 면에서도 공을 들인 상품이었고,

출시 기념가로 책정된 400엔이라는 가격은 소비자의 예상이나 내적 참조 가격보다 훨씬 낮은 수준이었다. 그래서 사람들은 "싸고도 품질 좋은 햄버거"라는 인상을 받았고, 평소 맥도날드에 가던 손님들까지도 당신의 가게로 발걸음을 옮겼을 것이다.

하지만 문제는 여기서 시작된다. 이 햄버거는 시장에 등장한 처음부터 400엔이라는 가격으로 판매되었기 때문에, 고객들 머릿속에는 '이 가게의 신제품 햄버거는 = 400엔'이라는 내적 참조 가격이 형성되어 버렸을 가능성이 있다.

결론은 "어제까지 400엔 주고 먹던 걸 오늘 800엔 주고는 못 사 먹겠다"인 것이다. 아마도 그들은 햄버거의 내적 참조 가격과 일치한 가격으로 판매하고 있는 맥도날드로 돌아가 버렸을 것이다.

> **마케팅 스토리**
>
> ### 구독 서비스에서 출시 기념가는 유효한가?
>
> 구독 서비스는 월 단위나 연 단위로 요금을 정기적으로 지불하고 이용하는 콘텐츠, 서비스, 정기 배송 상품 등을 말한다.
>
> 이러한 서비스에서는 대부분, 가입 시 신용카드 등의 결제 정보를 미리 등록하게 하고, 가입 첫 달에는 서비스를 무료로 제공하거나 할인된 가격에 제공한다. 그러나 탈퇴 의사를 명확히 밝히지 않으면 자동으로 정가로 전환되며 서비스가 계속 유지된다. **물론 가입 첫 달만 이용하고 탈퇴하는 것도 가능하지만, 사람은 한 번 손에 넣은 권리를 놓치고 싶어하지 않는 심리**(보유 효과), **그리고 익숙한 상태를 바꾸는 것을 꺼리는 성향**(변화 저항) **때문에 쉽게 지속하게 되는 경향이 있다.**

> 연구 결과

두브 연구팀이 실시한 슈퍼 마켓에서의 출시 기념가 판매 실험

내적 참조 가격의 영향을 실제 슈퍼마켓에서 밝혀낸 것이 두브 연구팀 Doob et al., 1969의 실험이다. 이들은 알루미늄 호일 같은 상품을 판매할 때, 두 가지 조건을 비교했다. 첫 번째는 처음 2주 동안 출시 기념가로 판매한 뒤, 이후 정가로 되돌리는 조건, 두 번째는 처음부터 정가(64센트)로 판매하는 조건이다.

> 그림 2-2

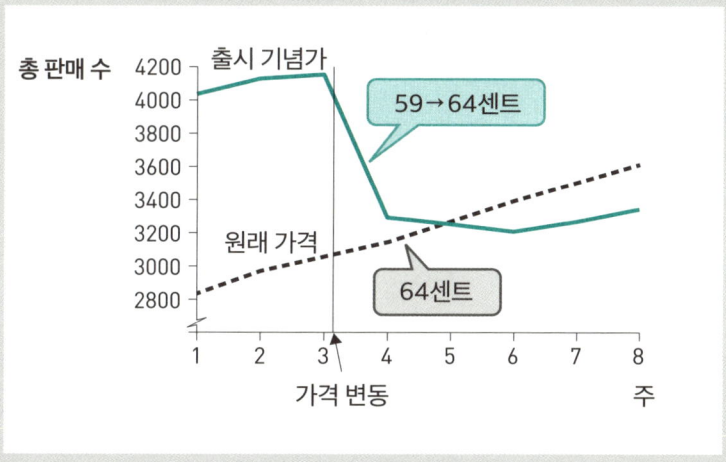

슈퍼 마켓에서의 출시 기념가 판매 효과
(Doob et al., 1969)

그 결과, 예상대로 출시 기념가 조건에서는 출시 초기에 높은 판매량을 기록했지만, 가격 인상과 함께 매출이 급격히 감소했고, 이후에는 좀처럼 회복되지 않았다. 반면 처음부터 64센트로 판매한 조건에서는 매출이 점진적으로 증가하며, 안정적인 판매 흐름을 보였다.

출시 기념가의 기억이 흐려지는 날까지

그렇다면 도대체 언제쯤 다시 신제품 햄버거가 팔리기 시작할 수 있을까? 그 시점은 아마도 사람들의 기억 속에서 '이 햄버거는 한때 400엔에 판매되었다'는 인상이 희미해질 무렵일 것이다. 그 기억이 남아 있는 한, 소비자는 지금 가격을 과거의 출시 기념가(= 내적 참조 가격)와 비교하게 되고, 자연스럽게 비싸게 느껴질 수 있다.

예를 들어 지금 어떤 손님이 당신 가게 앞에서 800엔짜리 햄버거를 사려 한다고 하자. 그런데 순간적으로 '그러고 보니 이거, 얼마 전에 400엔 아니었나?'라는 생각이 떠오른다면, 그 자리에서 구매 의욕이 꺾일 가능성이 크다. 실제로 백화점에서도 세일이 끝난 직후에는 매출이 급감하는 현상이 자주 관찰된다.

출시 기념가 전략은 양날의 검

이처럼 '출시 기념가'라는 이름으로, 가격을 낮추어 제공하는 전략은 상당히 위험하다. 그런데도 이 전략은, 특히 신규 매장 오픈 시 단기간에 고객을 유치할 수 있다는 이유로 자주 활용된다.

하지만 **가격 인하로 고객을 유치하는 방식은 단기적으로는 효과가 있는 것처럼 보일 수 있지만, 장기적으로 보면 소비자의 내적 참조 가격을 낮추는 부작용을 낳아, 결국 큰 후유증을 남길 수 있다.**

> 연구 결과

구텐베르그 가설과 가격 둔감 영역

현실에서는 그렇게까지 가격 변화에 민감하게 반응하지 않는 사람들도 존재한다. 심지어 가격 차이를 인지하고도 크게 신경 쓰지 않고 구매하는 경우도 적지 않다. **이처럼 가격이 변동되어도 소비자가 별로 신경 쓰지 않고, 매출 등에 영향을 주지 않는 가격 범위가 존재한다는 가설을 구텐베르크 가설이라고 하며, 이 가격 범위를 가격 둔감 영역(저가격 민감 영역, 불감 영역)이라고 한다.**

칼야나람과 리틀Kalyanam & Little, 1994은 가당음료와 무가당음료 각각 4개 브랜드에 대해 판매 가격과 매출 데이터를 분석해 이 이론을 실증적으로 검토했다. 물론 구매 빈도가 높은 소비자, 즉 자주 해당 제품을 구매하는 사람들의 경우에 둔감 영역이 더 좁아졌으며, 이들은 상대적으로 가격 변화에 더 민감하게 반응했다.

> 그림 2-3

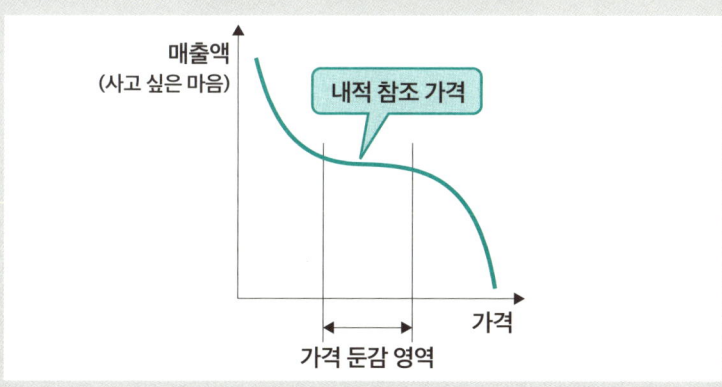

구텐베르그 가설과 가격 둔감 영역

> 연구 결과

무명 브랜드는 가격 인하를 안 하는 게 차라리 낫다

무어와 올샤브스키Moore & Olshavsky, 1989는 브랜드의 유형을 독립 변수로 설정하여 이 문제를 실험적으로 검토했다. 그 결과, **인지도가 높은 브랜드의 경우에는 할인율이 커질수록 구매 비율도 높아졌지만, 잘 알려지지 않은 브랜드의 경우에는 할인율이 지나치게 크면 오히려 소비자들이 구매를 꺼리는 경향이 나타났다.** 이는 브랜드에 대한 신뢰도가 낮은 경우, 가격이 지나치게 낮으면 품질 또한 낮을 것이라는 인식이 생기기 때문으로 보인다. 즉, 무명 브랜드가 가격을 지나치게 내리면, 소비자는 성능을 믿을 수 없다고 판단하고 구매를 피하게 되는 것이다.

> 그림 2-4

유명 브랜드와 무명 브랜드의 가격 인하에 의한 판매수 비교

(Moore & Olshavsky, 1989)

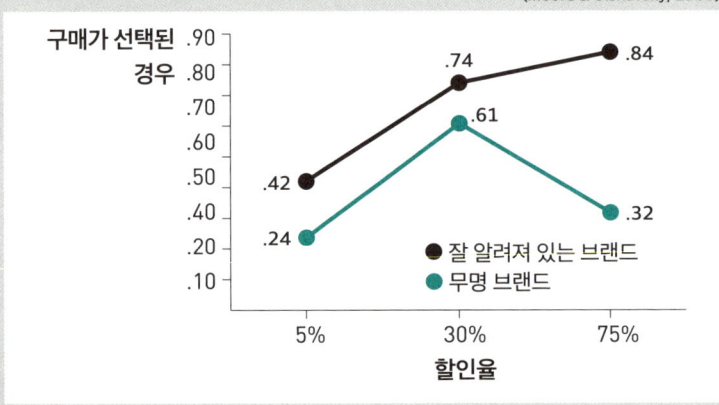

연구 결과

싸게 느껴지는 가격 인하 표시는 '○원 인하'일까, '○% 할인'일까?

가격 인하 프로모션을 할 때 '○원 인하'처럼 가격 인하 폭을 금액으로 표기하는 방식이 더 효과적일까, 아니면 '○% 할인'처럼 비율로 표시하는 방식이 더 나을까? 이 질문에 대해 실험적으로 접근한 것이 데르베키오 DelVecchio, 2007 연구팀의 연구이다. 연구팀은 6종류의 샴푸를 사용한 가상 쇼핑 실험을 통해 두 방식의 효과를 비교했다.

그 결과, 실제로 가격 인하 폭이 동일한 경우, 두 조건 모두 구매 확률에는 유의미한 차이가 없었다. **그러나 이후 참가자들에게 가격 인하 종료 후의 정가를 추정하게 했을 때, '○원 인하'라고 명시된 조건의 참가자들이 더 낮은 가격을 예상했다.** 이는 할인 폭을 구체적인 금액으로 표현했을 경우, 실제 매출에는 영향을 주지 않지만, 소비자의 내적 참조 가격만 낮아지는 효과가 있다는 것을 보여준다.

02
가격을 내렸을 때 생기는 문제

가격 인하로 고객층이 바뀐다

사실 가격 인하나 그 외의 판매 촉진에는 이 외에도 다양한 문제가 존재한다. 가장 먼저 살펴볼 것은 고객층 변화 현상이다. 이 문제에 대해 우에다Ueda, 2003는 맥도날드의 가격 인하 사례를 분석했다.

가격을 내리면 당연히 많은 고객을 끌어들일 수 있다. 겉보기에는 긍정적인 변화처럼 보이지만, 새로운 고객이 유입되었을 때 판매자가 반드시 고민해야 할 점이 있다. 그것은 바로 '이 손님은 어디에서 온 것인가?' '그 대신 떠나간 손님은 없었는가?' 하는 질문이다.

이 손님은 어디에서 왔는가?

맥도날드는 햄버거를 놀랍도록 저렴한 가격에 판매하거나, 1+1 행사 등 저가 캠페인을 반복적으로 진행해 왔다. 이러한 저가 전략으로 맥도날드는 '햄버거 전쟁'에서 승기를 잡았고, 기존에 찾아오지 않던 새로운 고객층을 대거 유치하는 데 성공했다. 그렇다면 이 새로운 고객들은 어디에서 온 것일까? 그들은 바로 '지금까지 맥도날드가 비싸서 자주 갈 수 없었던 사람들'이다.

예를 들어 중학생이나 고등학생들은 원래 편의점에서 과자나 빵을 사 먹으며 길거리에서 끼니를 해결하는 경우가 많았지만, 100엔으로 식사를 해결할 수 있고, 냉난방이 잘 갖춰진 공간에 오랜 시간 머물 수 있는 맥도날드는 그들에게 이상적인 아지트가 되었다.

하지만 이 손님들이 반드시 '좋은 손님'이라고 할 수는 없다. 또한 저렴한 가격을 유지하기 위해서는 더 많은 손님을 유치할 필요가 있지만, 그 결과로 맥도날드는 항상 혼잡해졌다.

'떠나간 손님'은 어떤 사람들인가?

맥도날드의 저가 전략으로 인해 이탈한 손님들 중 큰 비중을 차지하는 층은 바로 비즈니스맨이다. 이들은 경제적 여유가 있는 경우가 많기 때문에, 맥도날드의 '100엔 행사' 가격에는 사실 큰 관심이 없다. 그들에게 중요한 것은 점심이나 간식, 저녁 시간을 기분 좋게 보낼 수 있는지 여부이며, 그 과정에서 약간의 추가 비용은 크게 신경 쓰지 않는다. 특히 런치 타임은 그들에게 매우 중요하다. 고작 1시간 밖에 되지 않는 점심 시간은, 재충전을 위한 소중한 시간이며, 이 시간을 어떻게 보내느냐가 오후 업무의 집중도와 성과에도 큰 영향을 준다. 그러므로 이들은 시끄럽고 붐비는 매장보다는 조금 더 돈을 지불하더라도, 줄이 짧고, 내부가 쾌적하며, 조용하고 정돈된 공간에서 여유 있게 식사할 수 있는 환경을 선호한다.

실제로 이러한 고객은 가게 입장에서 보면 매우 이상적인 손님이다. 필요한 만큼의 돈을 말없이 지불하고, 짧은 시간 안에 식사를 마친 후 자리를 비워주기 때문이다.

가격 때문이 아니라면?

자, 가격 인하로 인해 고객층이 변화하고, 그 결과 가격에 이끌려 온 고객은 늘어나고, 우량 고객이 이탈하게 된 상황이라면, 이제 무엇을 해야 할까?

상황은 그렇게 단순하지 않다. 우에다 Ueda, 2003의 분석에 따르면, 다음과 같은 일이 자주 일어난다.

- 가격에 이끌려 온 고객은, 가격이 오르면 떠난다.
- 가격이 아닌 이유로 떠난 고객은, 가격이 다시 낮아져도 돌아오지 않는다.

맥도날드의 경우도 마찬가지다. 이후 매장 환경이 개선되거나 줄이 짧아진다고 하더라도, 한 번 떠난 고객은 그 사실을 알지 못하거나, 알아도 다시 돌아오지 않을 가능성이 높다.

브랜드 이미지와 상품 카테고리 이미지의 저하

가격 인하의 또 다른 문제점은 브랜드 이미지가 떨어진다는 사실이다. 만약 품질이 뛰어난 상품이라 하더라도 지나치게 낮은 가격에 판매하게 되면, 소비자는 그 상품을 '싸구려'로 인식할 가능성이 높아진다. '싼 게 거기서 거기지'라는 인식이 자연스럽게 자리잡게 되는 것이다.

그리고 이러한 부정적인 이미지는 단순히 그 상품 하나에만 국한되지 않는다. 브랜드 전체, 심지어 해당 브랜드의 제조사(메이커) 자체에도 좋지 않은 인식이 확산될 수 있다.

우리가 물건을 구매할 때 브랜드명은 매우 강력한 영향력을 가진다. 따라서 브랜드 이미지의 저하는 단순한 문제로 끝나지 않는다. 또한 경쟁 업체들 사이에서 저가 경쟁이 반복될 경우, 피해는 개별 브랜드를 넘어, 상품 카테고리 전체에 영향을 미치게 된다.

실제로, 햄버거는 현재 '저렴한 식사'라는 인식이 강하게 자리잡고 있다. 이러한 인식은 어쩌면 맥도날드가 오랜 기간 시행해온 저가 프로모션 전략의 결과일지도 모른다. 그리고 이로 인해, 맥도날드의 햄버거는 실제 맛보다도 과소 평가되고 있을 가능성도 충분히 있다.

> **연구 결과**

가격 외의 고품질 시그널

가격 이외에 어떤 요소들이 '품질의 신호'로 작용할 수 있을까? 그 중 일부는 실제와 관계없는 일종의 소비자 미신에 가까운 것도 있다. 미국의 저명한 경영학자 데이비드 아커 David A. Aaker는 자신의 저서 《데이비드 아커의 브랜딩 정석》(범어디자인연구소)에서 이러한 간접적 품질 단서의 사례들을 다음과 같이 소개하고 있다.

스피커 : 크기가 클수록 음질이 좋을 것 같다.
세제 : 거품이 많이 날수록 때가 잘 빠질 것 같다.
클리너 : 레몬향이 나면 세정력이 강할 것 같다.
슈퍼마켓 : 신선도가 곧 품질이라고 믿는다.
오렌지 주스 : 생과일주스 > 냉장 제품 > 병에 든 주스 > 캔 주스 > 분말주스 순으로 맛이 좋다고 여긴다.

가격 인하 스파이럴의 위협

　가격 인하를 업계 전체의 시각에서 바라볼 때, 가장 위험한 현상은 '가격 인하 스파이럴'이다. 이 현상은, 충분히 차별화되지 않은 상품에서 한 기업이 가격을 인하하면, 경쟁 기업이 그에 대응해 또다시 가격을 내리고, 그 결과 가격 인하 경쟁이 끝없이 반복되는 상황을 말한다.

　경제학이나 경영학에서는 이 가격 인하 스파이럴의 예로 주유소를 자주 든다. 대부분의 운전자에게는 어떤 주유소에서 주유하든 기름의 품질은 동일하게 인식된다. 그렇기 때문에 모든 조건이 같다면 단 1원이라도 더 싼 주유소로 운전자들이 몰리게 되고, 결국 그 주유소가 모든 이익을 독점하게 된다.

　이런 상황은 얼핏 보면 소비자에게 이득처럼 보일 수 있다. 하지만 반드시 그렇지만은 않다. 가격 인하로 점유율을 확보했다고 해도, 그 과정에서 수익성이 사라진다면, 많은 경영자는 결국 그 사업에서 철수하게 된다. 그 결과, 지역에 주유소 자체가 사라지고 소비자들은 선택지가 좁아질 것이다.

스타벅스의 고급 커피 전략

　이처럼 가격 인하 스파이럴이 벌어진 상황에서는, 오히려 상품을 차별화해 고급화함으로써 우량 고객을 단번에 끌어모을 수 있는 가능성이 생긴다. 실제로 가격 인하 경쟁에 굳이 끼어들지 않고, 리뉴얼을 통해 고급화를 꾀한 사례는 다양하다.

미국의 드라이브-인Drive-in 매장들은 1960년대까지 얼마나 저렴하게 커피를 제공할 것인지에 대한 경쟁을 이어왔다. 그 결과 커피의 품질은 점점 낮아졌고, 연하고 맛없는 저가 커피만 시장에 남게 되었다. 소비자들은 맛있는 커피를 마실 수 없었고, 커피라는 상품 카테고리 자체의 이미지도 좋지 않았다. 맛있는 커피를 위해 어느 정도 돈을 지불할 의향이 있는 우량 고객층은 이러한 상황에 불만을 가지고 있었으나 그 욕구를 충족할 수 없었다. 이러한 시점에 스타벅스가 등장했다. 스타벅스는 가격은 다소 비싸더라도 맛있는 커피를 쾌적한 환경에서 제공한다는 콘셉트로, 바로 이 우량 고객층의 니즈를 정확히 파고들었다.

일본 햄버거 전쟁의 시작

맥도날드는 1971년 일본에 처음 진출했다. 1호점은 7월, 도쿄 긴자 미쓰코시 백화점 1층 매장으로 문을 열었고, 불과 4일 뒤에 요요기에 2호점을 오픈했다.

맥도날드는 빠르게 인기를 끌었고 1970년대 초반, 유사한 형태의 햄버거 체인들이 앞다투어 생겨났다. 이들 체인점의 기본 메뉴 구성은 대부분 비슷했다. 햄버거와 음료, 감자튀김 세트를 중심으로 했기 때문에 소비자 입장에서는 브랜드별로 뚜렷한 차이를 느끼기 어려웠다. 자연스럽게 업계는 치열한 경쟁에 돌입했고 이른바 '햄버거 전쟁'이 본격적으로 시작되었다.

햄버거 전쟁에 맞선 맥도날드의 전략

치열한 경쟁이 벌어진 상황에서 맥도날드는 저가 전략으로 정면 승부를 걸었다. 이는 비슷한 상품을 더 저렴하게 제공해 시장 점유율을 장악하려는 방식으로, 흔히 '카테고리 킬러' 전략이라고 불린다.

1995년, 맥도날드는 당시 210엔에 판매하던 햄버거를 130엔으로, 240엔이었던 치즈버거는 160엔으로 대폭 인하했다. 글로벌 대기업 맥도날드에 대응하지 못한 많은 햄버거 체인점은 사업 전략을 전면 수정하거나 철수할 수밖에 없었다.

하지만 맥도날드는 여기서 멈추지 않았다. 2000년 2월, 맥도날드는 '위크데이 스마일'이라는 캠페인을 시작했다. 이 캠페인의 핵심은 햄버거를 평일에 65엔, 치즈버거를 80엔에 판매한다는 파격적인 내용이었다. 그 결과, 평일 햄버거 판매량은 전년 대비 4.8배로 증가했고, 매출도 함께 크게 늘어났다. 이후 2002년 2월에는 이 캠페인을 주말까지 확대해 '에브리데이 스마일'을 전개했고, 같은 해 8월에는 햄버거를 59엔, 치즈버거를 79엔에 판매하는 캠페인을 실시했다. 다른 햄버거 체인점들은 이러한 가격 경쟁에 대응할 수 없어 결국 시장에서 하나둘씩 사라져갔다.

내적 참조 가격의 반발 효과

이처럼 저가 캠페인은 단기적으로는 시장 점유율을 높일 수 있다. 하지만 이 시기에 맥도날드를 경험한 소비자들은 '햄버거는 100엔 이하'라는 내적 참조 가격을 형성해 버렸다. 그 결과 고객층의 변화, 브랜드 가치의 하락, 나아가 업계 전체의 이미지 저하라는 문제도 함께 나타났다.

이 중에서도 특히 내적 참조 가격의 하락은 큰 문제였다. 낮은 가격대를 계속 유지하기란 현실적으로 어렵다. 물가가 오르면 언젠가는 반드시 가격을 인상해야 하는 날이 오기 때문이다. 그리고 그날은 결국 찾아왔다. 예상대로 가격 인상이 단행되자 즉각적인 반발이 나타났다. 경영 이익은 크게 줄었고 일본 맥도날드를 성공으로 이끈 주역이었던 후지타 덴 사장은 책임을 지고 사장직과 회장직에서 물러났다.

이러한 후폭풍에 대한 맥도날드의 대응은 놀랍게도 다시 가격 인하 전략이었다. 예를 들어 2005년에는 디저트, 햄버거, 커피 등 일부 품목을 100엔에 판매하는 '100엔 맥'을 실시하고, 2013년에는 빅맥 1개를 사면 1개를 더 주는 이벤트도 진행했다. 단, 바로 두 개를 먹기는 어려웠기 때문에 1개는 무료 쿠폰으로 발행해 나눠주는 방식이었다. 이 시기에 실제로 맥도날드에서 아르바이트했던 내 후배의 말에 따르면, 이벤트 기간에는 거의 모든 손님이 빅맥을 주문하지만, 이벤트가 종료된 다음 날인 2013년 9월 20일에는 빅맥을 주문하는 사람이 단 한 명도 없었다고 한다.

반복되는 가격 인하 프로모션과 경영 위기

그 후에도 맥도날드는 기회가 있을 때마다 가격 인하 이벤트를 반복했다. 이 시기 매장이나 광고에는 늘 가격이 큼직하게 강조되어 있었고 전면적으로 '가격' 중심의 마케팅을 펼쳤다. 저가 전략이 반복되면서 고객층이 바뀌었고, 결국 일부 고객은 이른바 체리피커적인 소비 형태(3장에서 자세히 설명하겠다)를 보이게 되었다.

게다가 2010년대 후반, 맥도날드는 심각한 경영 위기를 맞이한다. 이 시기 위기의 원인으로 흔히 거론되는 사건은 맥도날드에 원료를 납품하던 중국의 식품 가공 업체 '상하이 푸시 식품上海福喜食品'이 유통기한이 지난 닭고기를 공급하고 있었다는 사실이 드러난 일이었다.

맥도날드의 부활과 V자 회복

맥도날드는 오랫동안 저가 전략을 펼치면서도, 동시에 직장인 등 우량 고객을 되찾기 위한 전략도 병행하고 있었다. 예를 들어 오랫동안 '싸구려 인테리어'라 불리던 매장 내부를 보다 편안하게 쉴 수 있는 공간으로 리뉴얼하거나, 커피 품질을 대폭 개선하여 '맥카페' 브랜드로 커피의 맛을 본격적으로 강화하기도 했다.

또한 마케팅 방식도 바뀌었다. 과거 맥도날드의 프로모션은 '100엔 맥' '1개 사면 1개 더' 등 가격을 중심으로 한 내용이 많았지만, 지금의 광고는 가격을 크게 내세우지 않으며, 기재하더라도 작게 처리한다. 그 결과, 최근 맥도날드는 역대급 매출을 기록하며 한때의 경영 위기에서 V자 회복을 이뤄냈다. 물론 이 회복의 배경에는 코로나19 확산으로 인한 '집콕 수요'와 인터넷 기반의 맥딜리버리 서비스 확대 등도 중요한 요소로 작용했다.

> **마케팅 스토리**
>
> ### 코로나 이후의 'Go To 트래블' 캠페인
>
> 'Go To 트래블' 캠페인은 코로나19 팬데믹 속에서 큰 타격을 입은 관광업계를 지원하기 위해, 정부가 국민의 여행 비용을 최대 절반까지 보조해주는 정책이었다.
>
> 이 정책은 실제로 숙박업계에 단기적인 효과를 가져왔다. 팬데믹으로 인해 많은 숙박업체가 수익을 잃고 폐업 위기에 처해 있던 상황에서 고객 수가 늘어나고 일정 부분 매출을 회복했다. 하지만 업주들이 가장 먼저 느낀 변화는 고객층의 질적 변화였다. 캠페인으로 유입된 일부 고객은 기존 고객에 비해 매너가 좋지 않았고, 드라이어, 타월, 행거 등 비품을 가져가거나 미니바를 사용하고도 신고하지 않으며, 복도에서 큰 소리로 떠들고 술에 취해 난동을 부리는 사례도 있었다.
>
> 문제는 이들과 같은 공간에 머물게 된 기존 재방문 고객들이다. 이들은 "이 숙소, 많이 변했네" "지난번보다 불편하네"라는 인식을 갖고, 이후 다른 숙소로 이탈할 수 있다. 그렇게 되면 숙박업체는 가장 중요한 자산인 단골 고객을 잃게 된다. 한편 Go To 캠페인으로 유입된 고객들은 캠페인이 종료되면 대부분 다시는 찾아오지 않는다. **왜냐하면 그들은 가격에 끌려 온 고객층이기 때문이다.**

> 마케팅 스토리

가루비 감자칩의 도전

저가 상품을 투입해 시장 점유율을 빼앗으려는 전략은 위험성이 따르지만, 성공 사례가 전혀 없는 것은 아니다. 그 대표적인 예 중 하나가 바로 가루비의 감자칩 전략이다. 일본 감자칩 시장의 양대 산맥은 고이케야와 가루비다. 고이케야는 1953년에 창업해, 1967년 감자칩의 대량 생산에 성공하면서 이 제품을 고급스럽고 세련된 안주로 시장에 소개했고, 점차 젊은 층의 간식으로도 자리를 잡았다. 고이케야는 자연스럽게 감자칩의 대명사로 인식되기 시작했다. 그로부터 8년 뒤인 1975년, 후발 주자인 가루비가 감자칩 시장에 진입했다. 당시 시장 점유율은 이미 고이케야가 선점하고 있었고, 그 밖의 기업들은 도전했다가 철수한 상황이었다.

이 불리한 시장에 가루비는 저가 전략으로 도전장을 내밀었다. 고이케야 감자칩이 150엔이던 시절, 가루비는 100엔이라는 파격적인 가격에 감자칩을 내놓았다. 게다가 고이케야가 주로 동일본에 집중된 반면, 가루비는 전국 단위로 유통을 확대하는 전략도 동시에 펼쳤다. 이듬해에는 대규모 광고 캠페인도 시작했다. 특히 화제가 된 광고는 다음과 같은 카피였다:

"100엔으로 가루비 감자칩은 살 수 있지만, 가루비 감자칩으로 100엔은 살 수 없습니다. 양해해 주세요."

코믹하고 서민적인 이미지의 탤런트 후지타니 미와코가 말하는 이 멘트는 TV 광고는 대중의 관심을 끌었고, 후지타니 역시 이 광고를 계기로 국민적 인기를 얻게 되었다. 그 결과, 가루비는 고이케야로부터 시장 점유율을 빼앗는 데 성공했고, 이후에는 감자칩의 대표 브랜드로 자리매김하게 되었다.

03
내적 참조 가격을 낮추지 않고 이기는 방법

`쿠폰` `세일` `증정` `세트 판매`

저렴한 가격 프로모션은 정말로 위험할까?

그렇다면 왜 가격 인하가 위험한 전략이 되는가? 그럼 내적 참조 가격을 낮추지 않으면서도 싸게 팔 수 있다면? 그것이야말로 가장 이상적인 프로모션 전략이 될 수 있다. 수많은 경영자가 머리를 짜내며 다양한 방법을 시도해 왔고, 실제로 몇 가지 유효한 방법이 발견되었다.

① 쿠폰 배부 전략

② 스페셜 세일 전략

③ 증량·증정품·포인트 전략

④ 세트 판매 전략

쿠폰 쿠폰 할인은 단순한 가격 인하가 아니다

첫 번째로 소개할 방법은 쿠폰 할인 전략이다. 이 전략은 상품의 가격을 낮추지 않고, 할인 쿠폰을 나눠주는 방식이다. 재미있는 점은 쿠폰을 사용할 경우, 매장에 표시된 가격은 그대로인데 고객은 '이 쿠폰이 있으니 나만 특별히 할인받는 거야'라는 특별한 감정을 느끼게 된다. 이로 인해 할인은 예외적인 일로 인식되어, 내적 참조 가격을 낮추지 않게 되는 효과가 발생한다.

또, 쿠폰은 단순한 가격 혜택 외에도 '이 쿠폰을 사용하지 않으면 손해'라는 심리적 유도 효과로 매장 방문을 자극하는 역할도 한다.

쿠폰 SNS 시대의 디지털 쿠폰, 그 명과 암

최근에는 종이 쿠폰 대신 디지털 쿠폰이 주를 이루고 있다. SNS나 브랜드 앱 등을 통해 쿠폰을 제공하면, 저비용으로 손쉽게 배포할 수 있고, 동시에 소비자의 구매 패턴이나 개인 데이터를 수집하는 데도 유용하다. 하지만 이 방식이 보편화되면서 쿠폰이 너무 흔해진 문제도 발생한다. 따라서 디지털 쿠폰을 활용할 때에도 지속적인 연구와 정교한 운영 전략이 필요하다. 실제로 시로이(2006)는 쿠폰 전략에 대해 회의적인 시각을 제시하며, 효율성과 효과성 측면 모두에서 더 많은 검토가 필요하다고 지적하고 있다.

세일 '지금만 특별히' 전략

가격 인하가 내적 참조 가격에 영향을 미치지 않게 하려면 '특별한 상황'이라는 인식을 주는 것이 중요하다고 앞서 설명했다. 다만, 이 '특별함'을 어떻게, 어느 정도로 만들어낼지가 관건이다. 가장 흔한 방법은 특정 시기에 맞춘 특가 세일이다. 이렇게 하면 가격은 실제로 낮추지만 소비자는 이를 '예외적인 상황'으로 받아들이기 때문에 내적 참조 가격은 잘 변하지 않는다.

하지만 이 전략에도 몇 가지 함정이 있다. 먼저 특가 세일은 보통 정해진 시기에 반복적으로 열리기 때문에 소비자들은 '그때만 기다렸다 사면 된다'고 생각한다(메라 연구팀 Mera et al., 1998). 그 결과 평소에는 구매를 미루고 세일 기간에만 몰아서 사는 소비 행태가 생긴다. 또한 소매점 입장에서는 세일 기간에 매출이 오르기 때문에 세일 기간을 점점 더 길게, 더 자주 하려는 경향이 있다. 하지만 그렇게 되면 세일이 더 이상 '특별한 이벤트'로 여겨지지 않고, 그냥 상시 가격 인하처럼 인식되어 내적 참조 가격을 낮추는 효과가 생긴다.

더 큰 문제는 브랜드 이미지에 미치는 영향이다. '클리어런스 세일'이나 '세일 품목'이라는 단어가 자주 사용되면, 소비자는 해당 브랜드를 싸구려 이미지로 인식할 수 있다. 실제로 세일을 자주 하는 브랜드는 품질이 낮다고 평가되는 경우가 많고, 반대로 세일을 하지 않는 브랜드는 더 고급스럽다는 인상을 준다는 연구도 있다.

세일 '당신에게만 특별히' 전략

정해진 시기에 대규모로 저렴하게 판매하는 세일은 앞서 살펴본 바와 같이 몇 가지 문제점을 안고 있다. 이를 보완할 수 있는 방법 중 하나가 바로 '당신에게만 특별한 가격에 판매한다'는 식의 전략이다.

예를 들어 생일이나 기념일을 기준으로 한 할인 전략이다. 이는 해당 고객에게만 메시지나 이메일을 통해 개별적으로 안내되므로, 다른 사람들은 할인 판매가 이루어지고 있다는 사실을 알기 어렵다. 덕분에 소비자는 '나만 특별하다'는 인식을 갖게 되고, 이로 인해 내적 참조 가격의 하락을 최소화하면서도 할인 효과를 누릴 수 있다.

증정 증량과 증정품은 단순 할인과는 다르다

내적 참조 가격을 낮추지 않으면서 실질적인 가격 인하 효과를 내는 세 번째 방법은, 제품의 양을 늘리거나 증정품을 함께 제공하는 방식이다. 예를 들어 세제나 과자의 양을 10% 늘리거나, 한정 캐릭터 굿즈를 증정하는 방식이 이에 해당한다. 경제학적으로는 이것도 가격 인하와 다를 바 없지만, 소비자의 심리에는 전혀 다르게 작용한다. 소비자는 표기된 외적 참조 가격에는 상당히 민감한 반면, '양'에는 의외로 둔감하다. 그래서 가격은 그대로인데 양이 늘어난 경우, 소비자는 이를 '가격이 내려갔다'고 인식하지 않고, '가격은 그대로인데 뭔가 이득을 본 느낌'으로 받아들인다.

이와 반대로, 이 원리를 활용해 가격 인상을 감추는 전략도 있다. 표시 가격을 올리면 매출이 즉각 줄지만, 가격은 그대로 두고 내용물의 양을 줄이면 소비자가 눈치채지 못하고 매출에도 큰 영향 없이 실질적인 가격 인상이 가능하다. 이러한 전략을 '스텔스 가격 인상'이라고 한다. 다만 증량이나 증정품 방식은 일반적인 가격 인하에 비해 효과가 떨어진다는 사실도 알려져 있다.

증정 할인 대신 포인트를 적립해드려요

최근에는 직접적인 할인 대신, 포인트를 적립해주는 방식이 자주 활용되고 있다. 포인트 역시 넓은 의미에서 보면 일종의 증정품으로 볼 수 있다. 따라서 동일한 금액을 직접 할인하는 것과 비교하면 즉각적인 효과는 다소 떨어질 수 있지만, 오히려 매출은 증가하고 소비자의 반발도 적을 가능성이 있다.

나카무라 Nakamura, 2003는 두 개의 슈퍼마켓 체인점을 대상으로, 회원 전용 가격 할인과 포인트 적립이 매출에 어떤 영향을 미치는지를 비교 분석했다.

실험에서는 일반 가격이 198엔인 피자 소스를, 회원 가격으로 178엔에 할인 판매하는 조건과, 198엔에 판매하되 20포인트(1포인트 = 1엔)를 적립해주는 조건으로 나누어 비교했다. 개입 전의 매출을 100으로 기준 삼았을 때, 프로모션 실시 중 매출은 할인 조건에서 422, 포인트 적립 조건에서는 267로 나타나, 예상대로 할인 쪽이 더 큰 매

그림 2-5

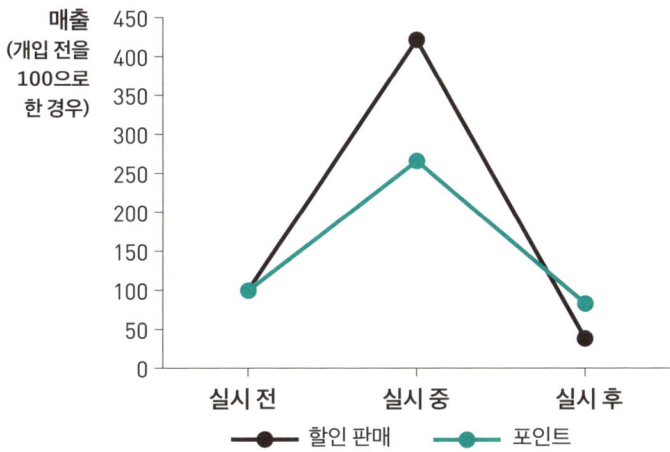

프로모션 실시 전후의 매출 수

(나카무라, 2003)

출 증가를 보였다. 프로모션 종료 후에는 두 조건 모두 매출이 반등했지만, 할인 조건의 경우 매출이 41까지 급감한 반면, 포인트 적립 조건은 84 수준에서 멈춰 상대적으로 하락폭이 작았다.

> 연구 결과

행동경제학을 대표하는 프로스펙트 이론

프로스펙트 이론은 행동경제학을 대표하는 핵심 이론이다. 전통적인 경제학은 합리적인 경제인이 어떻게 행동하는지를 이론적으로 밝히는 데 초점을 맞추지만, 현실에서 인간의 행동은 반드시 합리적으로만 이루어지지 않는다. 이처럼 인간의 실제 행동을 기반으로 경제 현상을 설명하려는 학문이 바로 행동경제학이다. 행동경제학은 전통 경제학보다 실제 경제 활동이나 다양한 소비자 행동을 예측하는 데 더 적합하다는 평가를 받고 있으며, 최근 들어 큰 주목을 받고 있다. 실제로 노벨 경제학상도 행동경제학자들에게 수여되고 있다. 대니얼 카너먼(2002년), 로버트 쉴러(2013년), 리처드 탈러(2017년) 등이 그 대표적인 수상자들이다.

> 그림 2-6

프로스펙트 이론

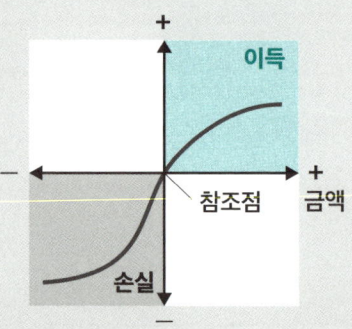

프로스펙트 이론은 쉽게 말해, 손실과 이득은 경제학적으로는 대칭적일 수 있지만, 심리적으로는 전혀 대칭적이지 않다는 것을 설명한다. 예를 들어, 1,000엔을 잃었을 때의 괴로움은, 같은 금액을 얻었을 때의 기쁨보다

더 크게 다가온다. 이러한 개념을 곡선 형태로 시각화한 것이 바로 그림 2-6이다. 이 이론이 도입되면서 기존 경제학으로는 설명이 어려웠던 다양한 소비 행동과 경제 현상들을 보다 정교하게 해석할 수 있게 되었다.

예를 들어 가격 인상(손실)과 증정품 제공(이득)은 경제학적으로는 대칭일 수 있으나, 실제 소비자 인식에서는 대칭적으로 받아들여지지 않는데, 이런 현상 역시 프로스펙트 이론을 통해 설명이 가능하다.

> **마케팅 스토리**

펩시콜라 포인트를 모으면 전투기를 받을 수 있다?

1995년, 미국 펩시콜라는 '펩시 스터프 캠페인 Pepsi Stuff Campaign'이라는 이름으로, 펩시를 마시면 포인트가 쌓이고 일정 포인트를 모으면 펩시 로고가 들어간 굿즈를 받을 수 있는 이벤트를 시작했다. TV 광고 마지막 장면에서는 한 소년이 미 해병대 수직이착륙기 해리어 Harrier를 타고 학교에 도착해 "스쿨버스보다 빨라"라고 말하는 장면이 등장한다. 화면에는 "HARRIER FIGHTER 7,000,000 PEPSI POINTS"라는 문구가 함께 표시되었다. 이 장면은 물론 농담으로 연출된 것이었지만, 경영학을 전공하던 대학생 존 레너드 John Leonard는 이 광고에서 법적 허점을 발견했고, 실제로 700만 포인트에 해당하는 조건을 충족시켰다.

당시 이 캠페인에서는 펩시를 마셔서 모은 포인트가 일정 기준 이상일 경우, 부족한 포인트는 1포인트당 10센트(0.10달러)에 현금 구매할 수 있는 제도를 두고 있었다. 이 제도는 티셔츠나 점퍼 등을 거의 다 모은 소비자가 포인트 부족으로 경품을 못 받는 상황을 방지하기 위한 취지였다. 레너드는 이 제도를 활용해 포인트 교환에 필요한 최소 조건인 펩시 36캔을 구매해 포인트를 모은 뒤, 나머지 포인트를 70만 8달러 50센트에 해당하는 금액으로 구매하고, 해당 금액의 수표와 함께 펩시콜라 본사에 해리어 전투기를 요구하는 청구서를 보냈다.

이에 대해 펩시콜라는 "이 광고는 누구나 농담임을 알 수 있는 과장된 표현이며, 레너드의 청구는 무효"라고 주장했다. 하지만 레너드는 "공식 광고에서 구체적인 조건을 제시한 것은 일종의 계약 제안이며, 이를 충족시켰으므로 펩시에게는 해리어를 제공할 의무가 있다"고 주장하며 법원에 소송을 제기했다.

뉴욕주 남부지구 연방지방법원은 1999년 8월 5일, 다음과 같은 판결을 내렸다.

> "합리적인 일반인이라면 이 광고가 농담이고 과장된 표현임을 명백히 인지할 수 있다. 따라서 펩시콜라는 레너드에게 해리어 전투기를 제공할 의무가 없다."

레너드는 항소했지만 기각되었고, 이 판결은 대체로 타당한 판단이라는 평가를 받았다. 다만 이 사건은 증정품 캠페인 및 광고 기획에 있어, 소비자 오인을 유발할 수 있는 표현에 주의를 기울여야 함을 일깨워주는 사례로 널리 회자되고 있다. 참고로 펩시콜라는 이후에도 이 광고를 계속 방영했지만, 해리어 전투기에 필요한 포인트를 7억 포인트로 수정해 더는 논란이 생기지 않도록 조치했다.

세트 판매 | 세트로 판매하는 법

　내적 참조 가격을 낮추지 않으면서 실질적으로 가격 인하 효과를 낼 수 있는 네 번째 방법은 세트로 파는 법이다. 대표적인 예로는 대부분의 사람들이 알고 있듯, 햄버거와 음료, 감자튀김 등의 사이드 메뉴가 하나로 묶여 세트로 판매된다.

　예를 들어 'ㅇㅇ버거 세트'의 가격은 쉽게 알 수 있어도, 햄버거나 음료의 단품 가격까지 정확히 알고 있는 소비자는 드물다. 게다가 세트 내에서 감자튀김이나 음료의 사이즈 등을 유동적으로 조정할 수 있도록 하면, 개별 품목의 단가를 더 파악하기 어려워져 내적 참조 가격이 형성되기 힘들고, 가격을 인하하거나 인상하더라도 소비자가 눈치채기 어렵다. 또한 세트 가격은 메뉴판에 크게, 눈에 잘 띄게 표시하면서 단품 가격은 작고 눈에 띄지 않게 구석에 표시해두는 것도 중요한 전략 중 하나다.

세트 판매 | 세트 판매는 다른 가게와 비교하기 어렵다

　세트 판매의 또 다른 장점은, 경쟁사와의 가격 비교가 어렵다는 점이다. 예를 들어 점심으로 패스트푸드를 먹으려고 할 때, 맥도날드를 갈지, 버거킹을 갈지, 아니면 KFC를 갈지 고민한다고 해보자. 이들 중 어느 체인이 가장 저렴할까? 만약 각 체인의 단품 가격을 정확히 알고 있다면, 햄버거와 감자튀김 가격을 직접 비교하면서 어떤 곳이 가장 싼지 판단할 수 있을 것이다. 소비자에게는 앞서 말한 것처럼 명확한 차별점이 없으면, 결국 가장 저렴한 곳만이 선택을 받게 된다. 하지만 단품 가격이 잘 보이지 않고 세트 가격만 알 수 있으며, 그 세트 구성조차 체인마다 다르다면, 직접적인 비교가 어려워진다. 예로는 '어느 치즈버거 세트가 더 저렴할까?'를 고민할 때다.

- **A체인** : 치즈버거, 포테이토 L사이즈, 음료 S사이즈 → 870엔
- **B체인** : 치즈버거, 너겟 M사이즈, 음료 M사이즈 → 920엔

세트 판매 세트 판매가 의외로 호평인 이유

　세트 판매는 사실 소비자들에게 의외로 긍정적인 평가를 받는 경우가 많다. 물론 휴대폰 요금제처럼 복잡하고 불투명한 시스템에 대해서는 불만이 많겠지만, 적어도 패스트푸드와 같은 분야에서는 많은 소비자들이 번들Bundle 구성을 편리하게 느낀다. **왜냐하면 많은 소비자에게는, 예를 들어 패스트푸드 매장에서 수많은 메뉴 중에서 적절한 조합을 직접 선택하는 일이 귀찮게 느껴지기 때문이다.**
　관심이 많고 흥미를 느끼는 분야라면 이런 수고를 마다하지 않겠지만, 별로 흥미가 없거나 지식이 부족한 분야에 대해서는, 이미 구성된 세트가 오히려 더 쾌적하고 편리하게 느껴질 수 있다.

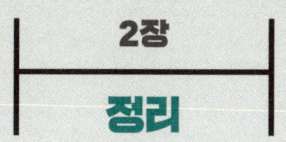

2장
정리

- 단기적으로는 가장 강력한 판매 촉진 수단은 **가격 인하**다. 그러나 일시적으로 매출이 상승하더라도, 장기적으로는 부정적인 영향을 초래하는 경우가 많다. 그 이유로는 다음 세 가지를 들 수 있다.
    ① 내적 참조 가격이 낮아진다.
    ② 고객층이 변화하면서, 가격에 민감한 고객이 늘어난다.
    ③ 브랜드 이미지가 저하된다.

- **내적 참조 가격**이란, 소비자가 해당 상품의 가격에 대해 갖고 있는 인식이며, 이는 상품을 구매할지 말지를 결정하는 데 있어 중요한 기준점이 된다.

- 가격 인하 경쟁이 치열한 상황에서는 **상품 차별화**가 중요하다.

- 내적 참조 가격의 하락을 방지하면서도 가격 프로모션 효과를 얻기 위해, 다음과 같은 전략들이 개발되어 왔다.
    ① 쿠폰 전략
    ② 스페셜 세일 전략
    ③ 증량 및 세트 판매 전략

반복되는 가격 프로모션은 결과적으로 '싸면 사고, 싸지 않으면 사지 않는다'는 소비자 인식을 가져온다. 이러한 경향은 상품을 만드는 입장이나 판매하는 입장, 그리고 소비자 모두에게 결코 바람직하지 않다. 그렇다면 어떻게 해야 할까? 이 문제에 대한 해결책 중 하나는, 소비자를 상품이나 브랜드의 팬으로 만드는 것이다. 팬은 가격보다는 그 상품 자체의 매력에 이끌려 구매를 결정하기 때문에, 무의미한 가격 경쟁에 휘말리지 않게 된다. 이러한 접근법을 브랜드 전략이라고 부른다.

하지만 처음부터 '좋아하는 브랜드'가 되려면 도대체 어떻게 해야 할까? 이번 장에서는 그 해답을 브랜드 퍼스널리티 Brand Personality라는 개념을 활용해 설명해보고자 한다. 또한 한 번 생긴 팬을 놓치지 않기 위해서는 어떤 점에 주의해야 할지도, 몇 가지 구체적인 사례를 통해 함께 생각해보자.

스타벅스는 Mac을 쓰는, 새로운 것을 좋아하는 24세

- 브랜드의 심리학

01
우리를 사랑하는 팬에게 팔아라!

로스리더와 체리피커

가격은 소비자의 마음을 움직이는 데 있어 가장 중요한 요소다. 그렇기 때문에 슈퍼마켓 등에서는 손님을 끌어들이기 위한 수단으로 가격이 매력적인 상품을 도입하곤 한다. 물론 이러한 상품은 매장 내 가장 눈에 띄는 위치에 진열되고, 전단지에도 크게 부각된다. 이러한 상품을 '로스리더 loss leader'라고 부른다. 로스리더로 사용되기 쉬운 제품은 대개 가격 탄력성이 높고 단가가 낮으며, 대량 판매가 가능한 품목이다. 슈퍼마켓에서는 주로 식료품이 해당된다.

로스리더 상품 자체는 수익을 거의 내지 못하거나, 경우에 따라 손실을 감수하면서 판매되기도 한다. 하지만 이런 상품을 목적으로 매장을 방문한 소비자들이 다른 상품까지 함께 구매하기 때문에, 결과적으로 매장 전체의 고객 유치와 매출 증대에 효과적이다.

하지만 여기에 하나의 큰 문제점이 있다. 바로, 이러한 로스리더 상품만을 사면서 다른 어떤 상품도 구매하지 않는 소비자들이 존재한다는 점이다. 이러한 소비자들을 '체리피커cherry picker'라고 부른다. 즉, 맛있는 것만 골라 먹는 사람이라는 의미다. 체리피커는 다양한 상점의 가격 정보를 수집하고, 오직 소량의 특가 상품만 골라서 구매한다. 1원이라도 더 저렴한 곳이 있다면 다른 슈퍼마켓으로 이동하는 것도 마다하지 않는다. 이러한 유형의 소비자들은 기본적으로 매장에 이익을 가져다주지 않는다. 오히려 체리피커가 많을수록 가게는 수익을 내기 어려워지고, 손해를 보는 경우도 생긴다.

상품의 팬으로 만들어 버리는 전략

그렇다면 체리피커를 줄이려면 도대체 어떻게 해야 할까? 애초에 가격으로 소비자를 끌어들이기 때문에, 그 점을 노리고 움직이는 체리피커가 생겨나는 것이다. 따라서 아예 이런 가격 프로모션 없이도 상품이 팔리도록 만드는 것이 가장 이상적이다.

그렇다면 이런 소비자는 누구일까? **한마디로 말해, 그 상품이나 서비스, 브랜드의 팬이다.** 팬이라면 가격은 뒷전이다. 이러한 이유로, 최근에는 소비자를 자사 브랜드의 팬으로 만드는 것 자체를 핵심 경영 전략으로 삼는 흐름이 본격적으로 나타나고 있다.

브랜드라고 하면 우리는 흔히 프라다, 샤넬, 루이비통과 같은 고급 럭셔리 브랜드를 떠올리기 쉽다. 하지만 그것만이 전부는 아니다. 예를 들어 군것질거리를 살 때, 소비자는 애초에 '이게 먹고 싶으니까 산다'는 마음이 크기 때문에 그 제품을 손에 넣을 수 있다면 얼마가 더 비싸더라도 가격은 그다지 신경 쓰지 않는다. 가격보다도 '갖고 싶다는 감정'과 '구매 경험'이 더 중요하기 때문이다.

> **마케팅 스토리**
>
> ### 소비자는 제품을 찾아온다
>
> 최근 편의점이나 대형마트에는 프라이빗 브랜드 PB, Private Brand 상품, 즉 소매점이나 도매업자가 자체 기획하여 독자적인 브랜드로 생산·판매하는 저렴한 상품들의 라인업이 점점 풍부해지고 있다.
>
> 하지만 여전히 편의점 진열대에 꾸준히 자리를 지키고 있는 제품도 있다. 게다가 이들은 더 저렴한 동급의 PB 상품보다도 오히려 더 잘 팔리는 경우가 많다. 또한 가격이 약간 변하더라도 매출량에는 큰 변화가 없는 경향이 있다.
>
> 이처럼 '갖고 싶으니까 사는' 상품은 눈에 잘 띄는 위치에 없어도 매출이 줄지 않는다. 왜냐하면 어디에 놓여 있든, 소비자가 직접 찾아서 구매하기 때문이다.
>
> 반면, PB 상품이나 아직 브랜드 팬을 확보하지 못한 상품(신제품 포함)은 눈에 잘 띄는 위치에 진열되어 있을 경우에는 잘 팔리지만, 소비자가 일부러 찾아서 구매하는 경우는 거의 없기 때문에 매출을 늘리기 위해서는 진열 위치가 매우 중요하다.

오타쿠, 마니아 그리고 최애

　요즘에는 애니메이션, 만화, 캐릭터, 게임, 아이돌 등 다양한 분야에서 오타쿠나 마니아층이 형성되고 있다. 이들은 자신이 좋아하는 상품을 스스로 찾아내고, 다소 비싸다고 느껴져도, 일상생활에 꼭 필요한 것이 아님에도 불구하고 대량으로 구매하는 성향을 가진다. 예를 들어, 한 시리즈의 굿즈를 모두 소장하거나, 일련의 이벤트에 모두 참가하는 행동을 하기도 하고, 자신의 주변을 좋아하는 것들과 관련된 상품으로 가득 채우려는 경향도 있다. 이런 소비 심리를 '디드로 효과 Diderot Effect'라고 부른다.

　최근에는 '최애' 문화도 급격히 확산되고 있다. '최애'란 팬이나 오타쿠, 마니아가 특정 대상을 응원하는 행동에 육성적 요소가 더해진 형태로, 응원하는 과정 속에서 '내가 응원해서 이 아이가 성장했다'는 효능감을 느낄 수 있는 유형이다. 이로 인해 자연스럽게 응원 소비가 발생한다.

　요즘 대학생들 사이에서는 자기소개를 할 때 자신에 대한 이야기보다 자신의 최애에 대해 열정적으로 이야기하는 경우가 점점 늘고 있다. 심지어 취업 면접에서 자기 PR 시간에 본인 이야기는 제쳐두고 최애에 대해 이야기하는 지원자도 있다고 한다. 이들은 팬 커뮤니티를 형성해 SNS 등을 통해 정보를 자발적으로 교환하고 확산시키기 때문에, 기업 입장에서는 거의 마케팅 비용을 들이지 않고도 정확한 타깃에게 자연스럽게 브랜드 메시지를 전달할 수 있는 장점이 있다.

> 연구 결과

오타쿠의 행동 특성

일본의 오타쿠에 대해 소비자 행동의 관점에서 분석한 초기 연구 중 하나로, 니우 연구팀(Niu et al., 2012)의 연구가 있다. 이들은 오타쿠의 라이프스타일을 분석하기 위해 포커스 그룹 인터뷰, 설문조사, 잠재 구조 분석 등의 방법을 활용했고, 그 결과 다섯 가지 요인(인자)을 추출해냈다.

① 애니메이션, 만화, 게임에 대한 깊이 있는 조사 활동
② 애니메이션에 대한 강박적 사고 및 행동
③ 실내 활동 선호
④ 자신의 지식에 대한 우월감
⑤ 자신이 흥미를 가지는 대상에 대한 관심 집중과 인터넷 활용

그리고 이 중에서 ①~③이 소비 행동과 밀접하게 연관되어 있다.

02
브랜드의 정의와
기능을 알고 활용한다

브랜드란?

　브랜드란, 개별 판매자 또는 기업의 상품 및 서비스를 식별하고, 경쟁사의 상품 및 서비스와 차별화하기 위해 사용되는 명칭, 용어, 기호, 심볼, 디자인 또는 그 조합을 말한다. 심리학 분야에서 브랜드와 가장 유사한 개념은 아마도 '카테고리 category'일 것이다. 공통된 특성을 가진 상품들을 하나의 집단으로 묶은 것이 바로 카테고리다.

　심리학에서 '카테고리'라고 하면 보통 '포유류' '채소' '가구'와 같은 자연적으로 형성된 범주를 떠올리는 경우가 많지만, 브랜드는 이와는 다르다. 브랜드는 기업이 의도적으로 만들어낸 인공적인 카테고리에 해당한다. 기업은 자사의 상품과 서비스를 일정 기준에 따라 분류하고 이름을 붙여 브랜드 체계를 구성한다.

브랜드에도 계층이 존재한다

황제펭귄이 펭귄이자 조류이자 포유류이자 동물인 것처럼 브랜드 역시 일정한 단계 구조를 가진다. 일반적으로 브랜드는 다음과 같은 5개의 계층으로 구성된다: 그룹 브랜드, 코퍼레이트 브랜드, 사업 브랜드, 카테고리 브랜드, 프로덕트 브랜드. 물론 최근의 기업 형태나 상품 구성 방식은 점점 더 복잡해지고 있기 때문에, 이 다섯 가지 단계로 명확히 구분되지 않는 경우도 많다.

시계를 예로 들면, '카시오 CASIO'는 코퍼레이트 브랜드이며, 그 하위에는 각각 독립된 성격과 팬층을 가진 'G-SHOCK' 'OCEANUS' 'PRO TREK' 등의 카테고리 브랜드가 존재한다. 이외에도 널리 알려진 브랜드로는, P&G의 면도기 브랜드인 '질레트', 가오의 샴푸 브랜드 '메리트', 유라쿠 제과의 초콜릿 '블랙 선더', 리크루트가 운영하는 결혼 정보 서비스 '젝시 인연' 등이 있다.

구매 의사 결정에서의 휴리스틱스

그렇다면 브랜드에는 어떤 기능이 있을까? 이에 대해서는 기업 측에서 바라본 기능과 소비자 측에서 바라본 기능으로 나누어 생각할 수 있다.

가장 먼저 중요한 것은, 브랜드가 구매 의사 결정에서 '휴리스틱스 Heuristics' 역할을 한다는 점이다. 만약 브랜드라는 개념이 없다면,

우리는 상품을 구매할 때마다 각각의 제품에 대해 품질, 기능, 신뢰성, 가격 등을 일일이 평가해야만 한다. 하지만 최근에는 전반적인 상품의 품질이 상향 평준화되면서 이런 개별 평가 자체가 점점 더 어렵고 복잡해지고 있다.

이럴 때, 브랜드라는 카테고리 정보를 사용할 수 있다면, BOSE의 헤드폰은 음질이 좋고, 특히 저음이 뛰어나다는 인식이 있는 것처럼 이 인식을 기반으로 판단을 단순화할 수 있게 된다. 이러한 단축된 판단 과정을 '휴리스틱스'라고 한다. 실제로 상품을 구매할 때, 브랜드 선택은 인지 과정의 초기 단계에서 빠르게 이루어진다.

예를 들면, "오늘 점심은 맥도날드 아니면 KFC 중 하나로 하자" "TV가 고장 났으니 새로 사야겠어. 그렇다면 일본 제품이 좋겠지(이 경우 '일본 제품'도 하나의 브랜드처럼 작용한다.)"와 같이, 사람들은 이미 구매 후보군을 어느 정도 추려놓고 선택에 들어가는 것이다.

또한 브랜드의 팬이 된 소비자는 처음부터 다른 브랜드를 고려의 대상에서 제외한다. 심지어는 다른 브랜드에 대한 정보조차도 의도적으로 수집하지 않으려는 경향을 보인다. 즉, 특정 브랜드가 '별격의 존재'로 인식되는 현상이 나타나는 것이다. 예를 들어, 스타벅스의 팬은 다른 커피숍을 거의 이용하지 않고, 애플의 팬은 Mac 외의 컴퓨터를 구매 대상으로 생각하지 않는다. 심지어 Windows나 Chrome이 가진 뛰어난 기능을 인정하지 않거나, 부정하는 태도를 보이기도 한다. 이처럼 브랜드는 단순한 제품 구분 이상의 의미가 있으며 소비자의 선택을 강하게 이끄는 심리적 기준점으로 작용하게 된다.

자기 표현 기능에서 목표 설정 기능으로

사람은 일상생활 속에서 의식적이든 무의식적이든, 다양한 방식으로 자신을 표현하며 살아간다. 그리고 이러한 자기 표현의 도구로써, 어떤 브랜드의 패션이나 소지품, 서비스 등을 사용하는가가 중요한 역할을 하게 된다. 예를 들어, '나는 부자다'라는 인상을 주고 싶은 사람이 있다면, 스와치 시계보다는 롤렉스, 토요타 차량보다는 벤츠를 선택할 가능성이 높다.

꼭 럭셔리 브랜드가 아니더라도, 예를 들어 아디다스나 미즈노 셔츠를 입음으로써 '나는 운동을 좋아하는 사람이야'라는 이미지를 줄 수 있고, 스타벅스에서 MacBook을 사용해 작업하면 '조금 크리에이티브하고 지적인 사람'이라는 인상을 줄 수 있다.

따라서 소비자는 자신을 표현하기에 가장 적절한 브랜드를 선택의 기준으로 삼는다. 또한, 브랜드의 자기 표현 기능은 단순히 타인이 바라보는 이미지를 조절하는 역할뿐 아니라 자신의 마음가짐과 의식 상태를 끌어올리는 데에도 사용된다. 이러한 역할을, 우리는 브랜드의 '목표 설정 기능'이라고 부른다.

03
브랜드를
그 퍼스널리티로 분석한다

자신의 브랜드가 '어떤 성격인지'를 알자

우리가 어떤 사람의 팬이 되거나, 혹은 누군가를 사랑하게 될 때는 어떤 기준으로 상대를 선택할까? 외모도 물론 중요한 요소이지만, 결국 결정적인 선택 기준은 성격일 가능성이 크다. 실제로 "어떤 사람이 좋으세요?"라는 질문을 받으면, 많은 사람이 "다정한 사람" "지적인 사람"과 같이 대답하는데, 바로 이것이 퍼스널리티, 즉 성격에 해당하는 것이다.

이런 사고방식을 그대로 브랜드에 적용해보면, 브랜드가 사랑받기 위해서는 먼저 자신의 브랜드가 어떤 성격을 가졌는지 파악하고, 그것을 더 많은 사람에게 매력적으로 느껴질 수 있는 성격으로 다듬는 것이 중요하다는 뜻이 된다. 여기서 도움이 되는 개념이 바로, 제니

퍼 아커 Jennifer Aaker가 제안한 브랜드 퍼스널리티 이론이다. 그녀는 인간의 성격 개념을 브랜드에 그대로 적용하여 브랜드를 더 잘 이해하고, 분석할 수 있도록 이 개념을 고안했다.

다행히도 우리는 인간 이외의 대상을 의인화해서 받아들이는 성향이 있다. 예를 들어, "스타벅스 커피는 약간 지적이고 외향적인 이미지다"라든가, "레드불은 위험을 감수하며 도전하는 와일드한 녀석이다" 같은 식이다.

아커의 브랜드 퍼스널리티 이론

그렇다면 브랜드의 퍼스널리티는 어떤 방식으로 표현하면 좋을까? 인간의 퍼스널리티에 관한 오랜 연구 축적을 살펴보자. 현재 가장 널리 받아들여지는 이론은 5요인 성격 이론(빅 파이브 이론)이다. 이 이론은 인간의 성격을 기술하거나 평가하는 다양한 척도들을 요인 분석을 통해 분류한 결과, 결국 다섯 가지 인자로 설명할 수 있다는 이론을 말한다. **다섯 가지 인자는 외향성, 신경질 경향(감정적 불안정성), 협조성, 성실성(근면성), 개방성이다.** 즉, 개인이 이 다섯 가지 요소를 각각 어느 정도 가지고 있는지를 알면 그 사람의 전반적인 성격 구조를 이해할 수 있다는 것이다. 이 구조는 그림 3-1(a)에 시각적으로 나타나 있다.

아커 Aaker, 1997는 인간의 성격을 측정하는 방법과 유사한 방식으로 브랜드의 성격을 조사하고 분석했으며, 그 결과 브랜드의 개성을 표

표 3-1

퍼스널리티 이론과 브랜드 퍼스널리티 이론에서의 요소

(a) 퍼스널리티 5요소 이론

외향성(Extraversion)	쾌활한, 말을 좋아하는, 활동적인, 적극적인
신경질 경향(Neuroticism)	흔들리기 쉬운, 걱정이 많은, 불안정한, 상처받기 쉬운, 섬세한
협조성(Agreeableness)	친절한, 따뜻한, 관대한, 양심적인
근면성(Conscientiousness)	근면한, 꼼꼼한, 책임감 있는, 계획성 있는, 성실한
개방성(Openness to experience)	지적호기심 있는, 독창적인, 진보적인, 예술적인

(b) 아커가 제시한 브랜드 퍼스널리티 5요소(Aaker, 1997)

성실성(Sincerity)	건실한, 안정적인, 친절한, 눈치가 빠른, 솔직한
자극성(Excitement)	적극적, 활기찬, 유머어가 있는, 현재적인, 젊은
능력성(Competence)	지적인, 신뢰할 수 있는, 책임감 있는, 확고한, 자신감 넘치는
세련성(Sophistication)	품격있는, 매혹적인, 세련된, 고급스러운
터프함(Ruggedness)	터프, 남자다운, 아웃도어, 거친

현할 수 있는 다섯 가지 요인을 도출해냈다. **그 다섯 가지는 성실성, 자극성, 능력성, 세련성, 터프함이다.** 브랜드가 이 다섯 가지 요소를 각각 어느 정도 가지고 있는지를 파악하면 그 브랜드가 가진 퍼스널리티의 구조를 이해할 수 있게 된다.

카페 브랜드 퍼스널리티 분석

　브랜드 퍼스널리티 이론을 보다 쉽게 설명하기 위해, 일본의 주요 카페 체인점을 예로 들어 브랜드 퍼스널리티를 분석해 보았다.

　이 실험은 수도권에 거주하는 대학생들의 도움을 받아 이루어졌다. 참여자의 비율은 남성 40퍼센트, 여성 60퍼센트였고, 평균 연령은 21세였다. 이들에게 각 카페 브랜드에 대해 갖는 인상, 즉 브랜드 퍼스널리티를 평가하도록 요청했고, 그 결과는 표 3-2에 정리되어 있다.

　참고로 나는 개인적으로 아커 Aaker의 브랜드 성격 이론보다는, 인간에게 있는 강력한 의인화 능력을 믿고 인간에게 사용되는 5 요인 성격 검사 Five-Factor Personality Test를 브랜드에 그대로 적용하는 방식도 유효하다고 생각한다. 그래서 여기에서는 동시에 사람에 대한 5 요인 성격 검사를 브랜드에 적용해 분석하는 방식도 함께 진행하였다.

　예를 들어 '이 브랜드는 담배를 피울 것 같은가?' '어릴 때 해외에서 살다 돌아온 듯한 이미지인가?' 같은 질문을 던지는 것이다. 물론 브랜드는 사람이 아니기 때문에 이런 행동을 실제로 할 수는 없지만, 사람들은 브랜드를 사람처럼 상상하는 경향이 있기 때문에 이러한 접근도 브랜드의 이미지를 파악하는 데 꽤 유효할 수 있다. 아울러 브랜드의 남성적인 이미지(브랜드 젠더)와 브랜드의 연령 이미지(브랜드 에이지)에 대해서도 참가자들의 인식을 조사하였으며, 이 모든 결과는 표 3-3에 함께 정리하였다.

표 3-2

카페 체인점 브랜드 퍼스널리티 평균 평정치

(Velasco et al., 2014)

	스타벅스	고메다 커피	탈리스	도토루
(a) 5 요인 성격 검사				
외향성	6.15	3.85	4.56	4.44
신경질 경향	2.10	3.23	3.42	3.63
협조성	4.69	6.21	5.06	5.17
근면성	4.88	4.81	4.44	4.46
개방성	6.15	4.19	4.46	4.08
(b) 아커의 브랜드 퍼스널리티 척도				
성실성	4.85	6.00	5.17	5.21
자극성	5.96	3.42	4.42	3.88
능력성	5.94	4.67	4.31	4.15
세련성	5.94	5.10	4.58	4.17
터프함	3.27	5.19	4.60	4.75

(7점 만점, 득점이 높을수록 각자의 특성이 강하게 인지되어 있다)

표 3-3

카페 별 확장 브랜드 퍼스널리티

	스타벅스	고메다 커피	탈리스	도토루
해외출신	5.75	2.10	3.42	2.88
Mac 사용	6.67	2.44	4.17	3.33
자존심	6.27	3.19	4.13	3.52
흡연	2.38	3.63	3.08	3.56
남성성	3.25	5.02	4.25	4.27
연령	24.85	42.40	29.60	30.65

(연령은 직접 측정. 그밖에는 7점 만점, 점수가 높을수록 각 특징을 갖고 있다)

새로운 것을 좋아하는 젊은 스타벅스, 아버지 같은 고메다 커피

이러한 결과를 보면, 각 브랜드가 어떤 퍼스널리티를 가지고 있는지를 의인화해서 구체적으로 상상할 수 있을 것이다. 예를 들어, 스타벅스는 외향적이고 새로운 것을 좋아하며, 유능하고 세련된 이미지를 가지고 있다. 마치 해외에서 온 듯한 분위기를 풍기며, Mac 컴퓨터를 사용하는 젊은이라는 느낌이 강하다. 반면, 고메다 커피는 건실하고 성실하며, 모범적이고 보수적인 성향을 띤다. 침착하고 듬직하며, 중년의 아버지 같은 인상을 준다. 당신이 갖고 있는 이미지와 얼마나 비슷했는가?

우리는 원래 타인이나 그 사람의 성격을 인지하고 평가하는 데 익숙하기 때문에, 이처럼 브랜드를 의인화해서 접근하면 직관적으로 그 브랜드의 개성을 이해할 수 있는 장점이 있다.

브랜드 퍼스널리티 개념이 정말로 도움이 될까?

에이비스와 에이킨 Avis & Aitken, 2015은 브랜드 퍼스널리티라는 개념을 애초에 연구를 위해 인위적으로 만들어진 허구적인 구성 개념, 즉 일종의 '기믹'에 불과하다고 비판한다. 물론 사람은 사물을 의인화해서 받아들일 수 있는 능력을 가지고 있지만, 소비자 행동을 이해하거나 브랜드를 차별화하는 데 있어서는 실질적인 도움이 거의 되지 않는다고 주장한다. 최근에는 브랜드 퍼스널리티 같은 개념보다도 필요한 순간에 브랜드가 소비자의 손에 잘 닿을 수 있도록 하는 것이 훨씬 더 중요하다는 관점이 더욱 활발하게 논의되고 있다.

연구 결과

스타벅스에서는 정말로 Mac을 사용하는 사람이 많을까?

그렇다면 실제로 스타벅스 매장에서 노트북으로 작업하는 사람들 중, Mac 사용자의 비율은 정말로 높을까?

요시무라 Yoshimura, 2024는 소셜 미디어 플랫폼인 Foursquare를 활용해 일본 각지에 있는 스타벅스 매장에서 촬영된 사진을 수집했다. 매장별로 사진을 집계한 후, 총 7만 9,351장 가운데 노트북이 찍혀 있던 사진은 1,537장이었고, 그 안에 등장한 노트북 기종을 조사해본 결과 다음과 같은 결과가 나왔다.

도쿄 23구 매장에서는 Mac 비율이 64.7%, 교토시 매장에서는 80.2%, 후쿠오카현 매장에서는 81.5%에 달했다. 도쿄 내에서도 지역별 차이가 있었는데, 관공서와 대기업이 많은 치요다구에서는 Mac 비율이 다소 낮았지만 그래도 60.8%였고, 젊은 층이 많이 모이는 시부야에서는 무려 73.3%에 달했다. 참고로 일본 전체에서 Mac OS의 점유율은 약 16~18% 수준이기 때문에, 이 결과는 스타벅스 매장에서 Mac 사용자의 비율이 비정상적으로 높다는 것을 보여준다. 이러한 결과는, 사람들이 브랜드의 퍼스널리티에 따라 자신의 행동을 무의식적으로 조정하고 있다는 것을 보여주는 흥미로운 사례라고 할 수 있다.

> 연구 결과

남성성이 높은 브랜드, 여성성이 높은 브랜드

브랜드 퍼스널리티와 같은 의인화가 가능해지면, 브랜드가 성격뿐 아니라 보다 인간적인 속성들도 지닐 수 있다고 생각할 수 있다. 그 중 하나가 바로 브랜드의 젠더, 즉 남성적이냐 여성적이냐 하는 특성이다. 이 주제를 본격적으로 분석한 것이 그로만 Grohmann, 2009이다.

심리학에서는 남성성과 여성성이 단일한 연속선상에 있는 상반 개념(예: 남성성이 낮으면 여성성이 높다)이 아니라고 본다. 이러한 관점을 바탕으로, 그로만은 브랜드 남성성 척도와 브랜드 여성성 척도를 따로 개발했고, 총

> 그림 3-1

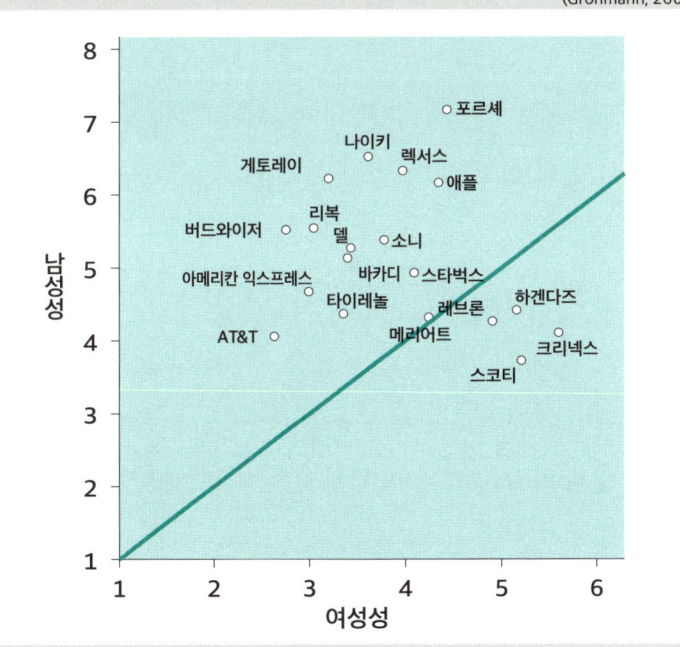

각 브랜드의 브랜드 젠더
(Grohmann, 2009)

281명의 대학생에게 유명 브랜드들을 평가하게 하여 각 브랜드의 젠더를 측정했다.

그 결과는 그림 3-1에 시각적으로 나타나 있다. 이 결과를 보면, 예를 들어 게토레이나 버드와이저는 남성성이 높고 여성성은 낮은 브랜드로 평가되었으며, 반대로 크리넥스나 하겐다즈는 여성성이 높고, 남성성은 상대적으로 낮은 브랜드로 나타났다.

그로만은 이 연구를 통해, 브랜드의 홍보 담당자라면 자사의 브랜드가 어떤 젠더 이미지를 갖고 있는지를 명확히 파악하고, 그 이미지와 모순되지 않는 방향으로 프로모션을 설계하는 것이 중요하다고 강조하고 있다.

유사성 가설과 상보성 가설, 어느 쪽이 맞을까?

이 질문과 관련해 참고할 만한 것이 사회심리학의 연애 연구와 우정 연구에서 제안된 두 가지 가설이다. 먼저, 초기에 제시된 가설은 퍼스널리티의 유사성, 즉 상대방과 성격이 비슷한 경우일수록 호감을 느끼기 쉽다는 내용이다. 사람은 자신과 닮은 성격의 사람에게 더 쉽게 끌리는 경향이 있다는 이 이론을 '유사성 가설'이라고 부른다. 하지만 이 이론은 곧바로 반론이 제기될 수 있다. 예를 들어, "내가 가진 것을 상대도 똑같이 가졌다고 해서 꼭 좋을까?" "커플이나 친구는 서로 부족한 부분을 보완해주는 관계일수록 오래간다"라는 식의 주장이다. 이러한 견해는 '상보성 가설'이라고 한다.

그렇다면 실제로는 어느 쪽이 더 맞을까? **결론부터 말하자면, 일반**

적으로는 유사성 가설 쪽이 더 타당하다는 것이 연구를 통해 밝혀졌다. 물론 때에 따라서는 자신이 갖고 있지 않은 성격적 특성을 가진 사람에게 매력을 느끼는 경우도 있을 수 있다. 이러한 경험 역시 현실적으로 존재한다. 하지만 다양한 조건을 종합적으로 고려해보면, 상보성보다는 유사성이 호감 형성에 더 효과적이라는 결론이 지배적이다. 특히 그 관계가 장기적으로 지속되는 경우에는 유사성의 중요성이 더욱 커진다(번Berne, 1971).

브랜드와 나는 하나다

이러한 논리를 적용해 보면 브랜드의 퍼스널리티와 고객의 퍼스널리티가 서로 유사할수록, 그 브랜드에 대한 호감도가 높아질 가능성이 있다는 결론에 도달하게 된다. 그렇다면, 이 가설은 정말로 타당할까?

조금 더 생각해보면, 또 다른 가설이 떠오른다. 그것은 바로, 브랜드에 대한 호감도는 자신의 현실적인 성격과 브랜드 퍼스널리티가 유사한지 여부가 아니라, 자신이 지향하는 이상적인 성격, 즉 '이상자기'와 브랜드가 얼마나 닮아 있느냐에 따라 결정되는 것이 아닐까?

앞서 브랜드에는 자기 목표 설정 기능이 있다는 이야기를 했었다. 이 기능이 실제로 중요한 역할을 한다면, 브랜드에 대한 호감은 '지금의 나(현실자기)'와의 유사성보다는 '내가 되고 싶은 나(이상자기)'와의 유사성에 더 큰 영향을 받을 것이다. 만약 에르메스라는 브랜드에 강한 호감을 가진 사람이 있다고 할 때, 이 사람은 자신의 현재 성격이 에르메스의 브랜드 퍼스널리티와 유사해서 그 브랜드를 좋아하는 것일 수도 있지만, 반대로 에르메스가 가진 성격적 이미지처럼 되고 싶다는 바람 때문에 호감을 느끼는 것일 수도 있다.

현실자기와 이상자기, 어느 쪽과의 일치가 더 중요할까?

이 질문에 대해 실증적으로 접근한 연구가 있다. 마레아[Malär, 2011]는 스위스에 거주하는 1만 명 이상의 사람들을 대상으로, 인터넷을 활용한 대규모 설문 조사를 실시했다. 실제로 분석에 사용된 응답자는 연구 1에서 1,329명, 연구 2에서 890명으로, 총 2,219명이었다.

조사 방법은 다음과 같았다. 참가자들에게는 다양한 카테고리 중에서 무작위로 선택된 특정 브랜드 이름 하나를 먼저 보여준다. 그리고 나서, 해당 브랜드와 자신의 현실자기 및 이상자기와의 일치 정도를 평가하도록 요청했다. 질문은 다음과 같이 제시되었다.

"브랜드 X를 인간처럼 성격을 가진 존재라고 생각해보세요. 예를 들어, 브랜드 X는 믿을 수 있다거나 침착하다거나 하는 특징을 가지고 있다고 상상해보는 것입니다. 그렇다면 당신 자신은 어떤 사람인가요? 또는, 어떤 사람이 되고 싶나요? 브랜드 X의 퍼스널리티는 지금의 당신(현실자기), 또는 당신이 되고 싶은 모습(이상자기)의 퍼스널리티와 어느 정도 닮아 있다고 느끼십니까?"

그림 3-2

현실자기 또는 이상자기와 브랜드 퍼스널리티의 일치도

(Malär et al., 2011)

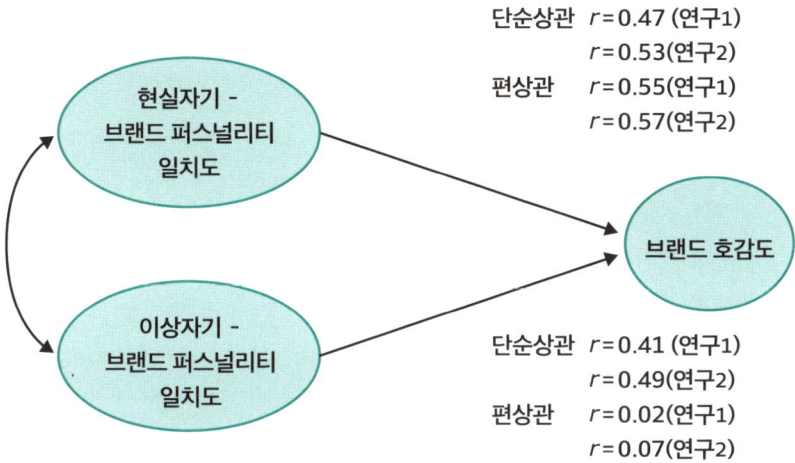

이후, 참가자들에게 브랜드 X에 대한 호감도를 평가하게 했다. 이때 사용된 평가지표는 감정적인 브랜드 애착 척도 Emotional Brand Attachment Scale였다. 이는 브랜드에 대해 느끼는 열정, 애착, 심리적 연결감 등을 종합적으로 평가하는 척도이다. 분석 결과, 브랜드 퍼스널리티와 현실자기의 일치 정도와 브랜드 호감도 간의 상관계수는 모두 비교적 높은 상관을 보였다. 즉, 현실자기와 브랜드 퍼스널리티의 일치도, 이상자기와 브랜드 퍼스널리티의 일치도 모두가 비슷한 정도로 중요하다는 의미이다.

다만 문제는, '현실자기와 브랜드 퍼스널리티의 일치도'와 '이상자기와 브랜드 퍼스널리티의 일치도' 사이에도 매우 높은 상관이 나타났다는 점이다. 사실 이렇게 되면, 어느 쪽이 더 중요한지를 명확히 판단하기 어렵다. 그래서 연구팀은 편상관partial correlation이라는 통계 기법을 사용해 각 요소가 단독으로 브랜드 호감도에 어떤 영향을 미치는지를 분석했다. 그 결과는 그림 3-2에 제시되어 있다. 이 분석에서 드러난 것은, 이상자기와 브랜드 퍼스널리티 간의 일치 효과는 통계적으로 사라졌고 현실자기와 브랜드 퍼스널리티 간의 일치 효과만이 유의미하게 남았다는 점이다.

이 실험에서 얻을 수 있는 결론은 다음 두 가지다. 첫째, 연애 관계에서 유사성 가설이 적용되는 것처럼 사람들은 자신의 성격과 유사한 브랜드 퍼스널리티를 가진 브랜드에 더 큰 호감을 갖는다. 둘째, 이때 기준이 되는 '자신의 성격'이란, '이상자기'가 아니라 실제의 나인 '현실자기'라는 점이다. 즉, 브랜드가 인기를 얻고 팬을 만들기 위해서는 브랜드가 타깃으로 삼는 소비자의 현실적인 성격, 즉 그들의 현실자기를 파악하고, 그에 맞춰 브랜드 퍼스널리티를 조정해 나가는 것이 효과적이라는 뜻이다.

실제로 기업이 마케팅 전략을 수립할 때, 타깃 소비자를 구체적인 인물로 설정하는 '페르소나persona' 전략을 자주 사용하는데, 이러한 접근은 바로 위와 같은 이론적 배경과 깊은 관련이 있다.

04
팬의 기대를 유지하는 리텐션 마케팅

팬을 배신하지 않는다는 목표를 만들어라

　중요한 것은, 한번 팬이 된 소비자들이 계속해서 팬으로 남아주도록 만드는 일이다. 이것을 마케팅에서는 '리텐션 마케팅'이라고 부른다. **리텐션 마케팅의 핵심은, 팬의 기대를 저버리지 않는 것이다.**

　일단 소비자가 브랜드의 팬이 되면, 그들은 단순히 상품 자체나 그 품질에만 관심을 갖는 것이 아니다. 브랜드가 가진 성격적 이미지(퍼스널리티), 외형적 요소(포장지 디자인, 로고, 캐릭터 등), 브랜드가 취하는 정책과 행동, 역사와 전통 등 브랜드를 구성하는 모든 요소에 애정을 품게 된다. 만약 이러한 요소들 중 어느 하나라도 갑작스럽게 변한다면, 팬들의 기대를 배신하는 행위로 받아들여질 수 있으며, 결과적으로 브랜드에 대한 애정을 잃게 만드는 원인이 될 수 있다.

로고를 바꾸면 어떻게 될까?

의류 브랜드인 Gap은 오랫동안 전통적인 브랜드 마크와 로고를 사용해왔다. 짙은 청색 정방형 배경에, 세로로 길게 배열된 'GAP'이라는 문자가 들어간 디자인으로, 많은 사람들이 익숙하게 알고 있는 로고다. 하지만 시간이 지나면서 이 로고는 다소 구식으로 느껴지게 되었고, 점점 더 현대적이고 모던한 스타일을 추구하는 Gap의 상품 이미지와는 조금 어울리지 않게 되었다.

이에 따라 Gap은 2010년에 브랜드 마크와 로고의 리뉴얼을 시도했다. 이 새로운 디자인은 신선하고 세련된 느낌을 주었고, 아마 Gap이라는 브랜드에 익숙하지 않은 사람들을 대상으로 심리학적인 평가를 진행했더라면, 기존 로고보다 더 높은 점수를 받았을 가능성이 크다.

하지만 현실은 전혀 달랐다. 새 로고가 발표되자마자, 인터넷에서는 혹평이 쏟아졌다. Gap의 오랜 팬들은 기존 로고에 대한 애착이 강했고, 그 로고 속 'GAP'이라는 문자 자체에 깊은 정서적 의미를 부여하고 있었다. 따라서 로고 변경은 팬들에게 일종의 배신으로 느껴졌던 것이다. **Gap의 대응은 매우 신속했다.** 새 로고를 발표한 지 불과 8일 만에 기존 로고로 되돌린 것이다.

로고 변화에 가장 강하게 저항하는 단골 손님

월시 연구팀Walsh et al., 2010은 이처럼 브랜드의 마크나 로고가 바뀌는 것이 소비자에게 어떤 영향을 미치는지를 실험적으로 조사했다. 연구에서는 대학생들에게 친숙한 스포츠 브랜드인 뉴발란스와 아디다스를 활용했다. 두 브랜드에 대해 전문 디자이너에게 새로운 로고 디자인을 두 가지 요청했다. 하나는 기존 로고에서 약간만 변화를 준 디자인, 다른 하나는 상당히 큰 폭으로 변화를 준 디자인이었다. 참가자들은 새로운 로고와 기존 오리지널 로고를 차례로 본 후, 각 브랜드에 대한 호감도(선호도)를 평가하도록 했다. 참가자들은 브랜드에 대한 애착 수준에 따라 세 그룹으로 나뉘었다. 1그룹은 강한 애착을 가진 그룹으로, 해당 브랜드를 매우 좋아하고 애정하는 사람들이다. 2그룹은 애착이 약한 그룹으로, 특정 브랜드에 큰 관심이 없고 구매 시 브랜드에 구애받지 않는 사람들이다. 3그룹은 이 둘의 중간 정도 수준의 애착을 가진 사람들이다.

이 실험의 결과는 그림 3-3에 정리되어 있다. 분석 결과, **애착이 약한 유저는 새로운 로고를 보고 브랜드에 대한 호감도가 오히려 높아지는 경향을 보였다.** 특히 로고의 변화 폭이 클수록 평가가 더 좋아지는 모습을 보였다. 반면, 브랜드에 강한 애착을 가진 유저는 로고가 변경되었을 때 브랜드에 대한 호감도가 급격하게 떨어지는 현상을 보였다. 즉, 기존 로고에 정서적으로 깊이 연결되어 있던 이들은 변화된 로고를 브랜드의 정체성 훼손으로 받아들였던 것이다. 이

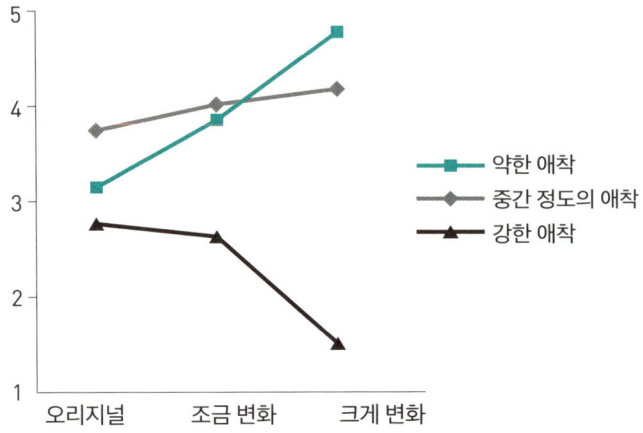

그림 3-3

브랜드 로고가 브랜드에 대한 호감도에 미치는 영향

(Walsh et al., 2010)

처럼, 브랜드를 오래도록 지지해온 핵심 팬일수록 로고나 마크의 변화에 더 예민하게 반응하고 강하게 저항하는 경향이 있다는 사실이 밝혀졌다.

하지만 이와 같은 반응이 항상 부정적인 것만은 아니다. 만약 기업이 브랜드의 이미지나 포지셔닝, 타깃 소비자층을 기존과는 다르게 재설정하려는 의도가 있다면, 기존의 팬층 일부가 이탈하더라도 새로운 고객층을 끌어들이는 데에는 도움이 될 수 있다.

포장지를 바꾸면 어떻게 될까?

항상 같은 디자인을 유지하다 보면, 그 상품은 점점 매대에서 배경처럼 묻히게 되어 시선이 가지 않게 되는 현상이 발생할 수 있다.

그렇다면 이 문제를 어떻게 해결할 수 있을까? 이때 활용할 수 있는 방법이 바로 '최소가지차이 just noticeable difference' 전략이다. '최소가지차이'란 지각 심리학에서 사용되는 용어로 사람이 어떤 자극의 변화를 간신히 알아챌 수 있을 정도의 가장 작은 차이를 의미한다. 이 전략을 포장지나 로고 리뉴얼에 적용하면, '뭔가 달라진 것 같긴 한데, 본래 이미지와 크게 다르지는 않은' 정도의 변화를 주는 것이 가장 이상적이다.

그림 3-4

카페오레 포장지의 변화

(에자키 글리코)

1979년 1993년 1996년 1997년 1998년 2001년 2002년 2004년 2007년 2008년

2009년 2010년 2012년 2013년 2014년 2015년 2017년 2018년 2019년 신 카페오레

오래 사랑받는 상품들의 포장지 디자인 변화를 연대별로 살펴보면, 앞서 말한 최소가지차이 전략이 어떤 방식으로 활용되는지 쉽게 이해할 수 있다. 예를 들어, 그림 3-4에 나온 카페오레뿐만 아니라, 오랜 역사를 가진 브랜드들의 포장지를 연도별로 비교해보면 그들의 디자인 변화가 어떤 흐름으로 이루어졌는지를 분명히 확인할 수 있다. 이들 브랜드는 매년 또는 계절에 맞춰 아주 미묘하게 디자인을 바꾸면서 소비자로 하여금 눈치채게 만든다. 그러면서도 항상 당대의 감각에 어울리는 세련된 이미지를 유지하려고 노력한다. 하지만 핵심적인 디자인 요소는 변하지 않는다.

마케팅 스토리

코카콜라 '캔자스 계획' : 20세기 마케팅 최대의 실패

콜라 시장의 점유율 경쟁, 이른바 '콜라 전쟁'은 수십 년에 걸쳐 지속되어 왔다. 코카콜라에 반해 펩시콜라는 언제나 그 뒤를 따르는 2인자, 그것도 꽤 큰 격차를 둔 2인자에 불과했다. 하지만 1970년대, 펩시는 상황을 뒤바꾸기 위한 대규모 캠페인인 '펩시 챌린지'를 시작한다. 이 캠페인은 소비자들에게 눈을 가린 채 콜라를 시음하게 하고, 어느 쪽이 더 맛있는지를 판단하게 하는 방식이었다. 놀랍게도, 펩시가 코카콜라를 이겼고, 이 캠페인은 펩시의 점유율 상승으로 이어졌다.

위기의식을 느낀 코카콜라는 맛 자체를 바꾸어 펩시에 반격을 시도하기로 한다. 이 계획이 바로 '캔자스 계획'이다. 코카콜라는 다양한 맛의 새로운 콜라를 개발해가며 소비자들을 대상으로 수차례 시음 테스트를 진행한 결과, 블라인드 테스트에서 펩시를 확실히 능가하는 새로운 맛을 개발하는 데 성공했다. 이 '신형 콜라'는 기존 코카콜라와의 비교 테스트에서 61%의 선택률을 기록했다.

드디어 1985년 4월 23일, 코카콜라사는 자신 있게 새로운 맛의 '뉴 코크 New Coke'를 출시한다. 출시 직후 며칠간은 신제품에 대한 반응이 긍정적이었지만, 곧 소비자들의 거센 반발이 이어졌다.

결국 코카콜라사의 경영진은 단 79일 만에 기존 콜라의 판매를 재개한다. '뉴 코크'는 이후 이름을 '코크 II'로 바꿔 잠시 더 판매되었지만, 결국 자연스럽게 시장에서 사라졌다. 현재 일본에서 판매되는 코카콜라 캔에 '클래식'이라는 문구가 쓰여 있는 것도, 이 제품이 뉴 코크가 아니라 '예전의 맛'임을 명확히 하기 위해서라고 한다.

소비자가 원하는 것은 단순히 객관적으로 더 맛있는 제품이 아니다. 우리가 좋아했던 콜라는 단순한 음료가 아니라, 나의 삶과 함께했던 기억이 담긴 바로 그 '콜라'였던 것이다.

마케팅 스토리

스타벅스의 재생 이야기

현재는 카페 업계에서 높은 인기를 얻고 있는 스타벅스이지만, 2008년에서 2009년 사이에는 한 차례 경영 위기를 맞은 적이 있다. 그 원인은 무엇이었을까?

당시 CEO 자리에서 물러나 있던 창업자 하워드 슐츠는 이 위기의 본질을 '스타벅스다움, 즉 팬들이 스타벅스에 기대하는 모습을 잃어버렸기 때문'이라고 판단했다. 스타벅스는 급격한 확장을 추진하는 과정에서 직원의 업무 부담을 줄이고 커피를 빠르게 제공하기 위해 매장에서 원두를 직접 갈지 않고, 미리 갈아놓은 원두를 보관해 사용하는 방식으로 전환했다. 그 결과 커피 본연의 맛이 저하되었을 뿐 아니라, 매장을 감싸던 고유의 커피 향도 사라졌다. 이로 인해 스타벅스를 진정으로 사랑하던 핵심 고객층, 즉 맛있는 커피를 여유롭고 쾌적한 공간에서 즐기기를 원하는 이들의 지지를 잃게 되었다. 이 고객들에게는 커피가 얼마나 빨리 나오는지는 별로 중요하지 않았다.

슐츠는 이러한 문제를 바로잡기 위해 CEO로 복귀했다. **가장 먼저 착수한 일은 팬들이 진정으로 원했던, 그리고 자신이 처음에 그렸던 이상적인 커피숍의 모습을 되찾는 것이었다.** 그는 매장에서 다시 원두를 직접 갈도록 지시하고, 커피 맛과 향을 되살리기 위해 치즈처럼 향이 강한 식재료가 포함된 식품 판매를 중단했다. 또한 직원들에게 스타벅스의 사명을 다시금 상기시키며, 커피에 대한 애정을 갖고 전문성을 기를 수 있는 방향으로 조직 문화를 이끌었다. 이러한 개혁은 점차 효과를 발휘했고, 스타벅스는 위기를 극복하며 경영 실적을 회복할 수 있었다.

럭셔리 브랜드의 '격'을 유지하는 이미지 관리

럭셔리 브랜드의 **팬들이 가장 싫어하는 것은, 브랜드의 격에 어울리지 않는 사람이 그 제품을 사용하는 모습을 목격하는 일이다.** 예를 들어, 자신이 애지중지하는 명품 에르메스 백이 너나할 것 없이 들고 다니는 모습을 보거나, 다른 사람들이 세일 매대에서 말도 안 되게 저렴한 가격에 특가로 구매하는 상황을 본다면, 에르메스의 충성 고객은 그 순간부터 브랜드에 대한 애정이 식어버릴지도 모른다. 그 결과, 에르메스는 그들의 우량 고객이 등을 돌릴 위험성에 맞닥뜨린다.

이러한 이유로, 럭셔리 브랜드의 공식 매장에서는 브랜드 이미지에 맞지 않는 고객에게는 사실상 상품을 판매하지 않는 방식을 취하기도 한다. 물론 대놓고 "팔 수 없다"고 말하지는 않고, "지금은 재고가 없습니다" 등의 우회적인 답변으로 판매를 거절하는 것이다.

예를 들어, 에르메스는 돈이 있다고 해서 아무데서나 아무 때나 살 수 있는 것이 아니다. 에르메스의 대표적인 아이템인 버킨백은 어느 매장에도 없고, 동시에 어느 매장에나 있다. 무슨 뜻인가 하면, 이 제품을 구입하기 위해서는 수시로 매장을 찾아가 얼굴과 이름을 익히게 하고, 구매 실적을 쌓으며 단순히 경제력뿐 아니라 사회적 지위와 기품을 갖춘 사람이라는 것을 직원에게 인식시켜야 한다. 이러한 조건이 충족되면, 비로소 매장 측에서 "오늘 특별히 버킨이 입고되었습니다"라는 전화를 받게 된다.

이와 같은 방식은 고급 시계 브랜드 등에서도 마찬가지로 적용된다(히로유키 Hiroyuki, 2023). 애초에 이러한 럭셔리 브랜드 매장들은 일반 소비자에게는 매장 입구의 분위기부터 진입 장벽처럼 느껴질 정도로 철저히 이미지 관리를 하고 있다. 그것이 그 브랜드가 브랜드 가치를 만드는 하나의 방법이다. 그리고 실제로 그 브랜드를 선호하는 사람들은 그 사실을 알고 구매하는 편이다.

마케팅 스토리

버버리와 산요쇼카이의 가치관 불일치

원래 산요쇼카이는 레인코트 전문 업체였으나 버버리와의 라이선스 계약을 통해 급성장했다. 일본 시장에서 버버리 브랜드가 널리 보급될 수 있었던 것은 사실상 산요쇼카이의 공헌이 결정적이었다고 해도 과언이 아니다. 실제로, 산요쇼카이의 전체 매출 중 상당 부분이 버버리 브랜드에서 비롯된 것이었다. 하지만 시간이 지나며 양측의 방향성에는 큰 차이가 생기기 시작했다.

버버리 본사는 처음부터 럭셔리 노선을 추구하고 있었고, 일본 내에서의 상대적으로 저렴한 가격대 제품 전개가 브랜드의 고급 이미지와 충돌한다고 판단하게 된다. **실제로, 젊은 비즈니스맨이나 대학생, 고등학생들이 일상적으로 버버리 제품을 착용하는 모습을 보면, 이 브랜드는 더 이상 글로벌 부유층에게 '진정한 럭셔리'로 느껴지지 않게 된다.** 결국, 당시 버버리 CEO였던 안젤라 아렌츠는 2015년에 산요쇼카이와의 라이선스 계약을 종료하기로 결정한다. 이 결정 이후, 산요쇼카이의 매출은 급격히 하락했다.

이 사건은 단순히 하나의 라이선스 종료를 넘어 패션 업계 전반에 걸쳐 럭셔리 브랜드들이 디퓨전 라인을 정리하고 메인 브랜드로 통합하는 흐름을 가속화하는 계기가 되었다. 마크 바이 마크 제이콥스 Marc by Marc Jacobs 또한 메인 브랜드보다 저렴한 가격과 젊은 감각의 디자인으로 인기를 끌었지만, 2015년에 브랜드 전개를 종료하고 마크 제이콥스 Marc Jacobs 본 브랜드로 흡수되었다.

> **마케팅 스토리**

오메가 시계와 똑 닮은 스와치의 시계?

럭셔리 브랜드에게 있어 중요한 과제 중 하나는 브랜드의 고급스러운 이미지를 유지하는 일이다. 따라서 기존에는 같은 브랜드명이나 동일한 디자인으로 저가 시장에 진출하는 것은 금기시되어 왔다. 저가 라인을 선보이는 경우에도 브랜드명을 완전히 바꾸거나, 고급 브랜드와 명확히 구분되는 디자인을 사용하는 등 디퓨전 라인임을 분명히 했던 것이 일반적인 방식이다.

그러나 2022년, 기존의 틀을 완전히 깨는 사례가 등장했다. 스위스의 스와치 그룹이 자사의 고급 시계 브랜드인 오메가의 대표 모델과 똑같은 디자인의 시계를, 자사의 저가 브랜드인 스와치를 통해 약 4만 엔이라는 가격에 출시한 것이다. 이 시계는 출시 직후부터 폭발적인 인기를 얻었으며, 발매 당일에는 스와치 매장 앞에 긴 줄이 늘어섰다. 물론 오메가와 스와치 제품은 디자인만 비슷할 뿐, 재질이나 무브먼트 등 내부 사양은 전혀 다르다. 게다가 두 제품의 가격대나 품질 차이도 분명하다. 하지만 외형만 보면 얼핏 구분하기 어려울 정도다.

이러한 시도는 기존의 브랜드 전략 이론으로 보았을 때 상당히 파격적인 일이다. 이론적으로는 오메가의 고급 이미지가 훼손되고, 오랫동안 브랜드에 애정을 가져온 고객들이 실망하여 이탈할 가능성도 제기될 수 있다.

이와 같은 우려에 대해 오메가의 사장이자 CEO인 레이날드 아세리만은 이번 공동 기획 프로젝트는 오락적인 요소가 가미된 즐거운 실험일 뿐이며, 너무 진지하게 받아들일 필요는 없다고 설명했다.

팬이 지켜주는 가디언 효과

　브랜드는 때때로 예기치 못한 위기 상황에 직면하게 된다. 예를 들어, 제품의 결함으로 인해 불량품이 출하되었거나, 상품과 관련된 사고가 발생하거나, 광고 모델로 기용한 유명 인사의 스캔들이나 원하지 않았던 정치적 메시지가 전달되는 일이 벌어질 수 있다. 이러한 논란이나 위기 상황이 발생했을 때, 브랜드를 지켜주는 존재가 바로 충성도 높은 팬들이다. **그들에게 위기는 브랜드와 자신 사이의 유대감을 직접적으로 실감할 수 있는 순간이기도 하다.** 이를 '가디언 효과', 즉 브랜드 팬의 보호 효과라고 부른다. 또한 충성도 높은 팬들은 브랜드의 실수에 대해 더 관용적인 태도를 보이기도 한다.

　도노반 연구팀 Donovan et al., 2012은 실험 참가자들에게 다음과 같은 시나리오를 제시했다. '휴가를 위해 iPod에 플레이리스트를 만들어 갔는데, 막상 사용하려고 보니 iPod이 고장 나 있었다' (대조군은 정상 작동하는 설정) 또는 '스타벅스에서 주문한 음료가 잘못 나왔다'는 상황을 제시한 후, 브랜드에 대한 평가를 측정했다. 그 결과, 해당 브랜드의 팬일수록 이러한 실수나 문제 상황에 대해 너그럽게 받아들이는 경향이 크다는 것이 확인되었다. 이 현상은 '브랜드 허용 효과'라고 불린다.

리텐션 마케팅의 한계

리텐션 마케팅은 단기적으로는 효과가 있을 수 있다. 충성도 높은 고객을 지키는 것만으로도 일정 수준의 매출을 유지할 수 있기 때문이다. 그러나 장기적으로는 팬층의 자연 감소라는 한계에 부딪히게 된다. 따라서 브랜드는 **신규 고객을 유치하지 않으면 서서히 쇠퇴할 수밖에 없다.** 이와 관련된 구체적인 사례로 피셔와 콜드프레스키 Fischer & Koldepressky, 2019는 미국의 전통적인 자동차 브랜드 '올즈모빌 Oldsmobile'을 소개한다.

올즈모빌은 오랜 시간 동안 두터운 팬층을 보유하고 있었고, 우량 고객 비율도 매우 높았다. 하지만 팬들의 고령화가 급속히 진행되면서 점점 자동차 자체를 구매하지 않게 되었다. 올즈모빌은 차량을 지속적으로 개선하며 대응하려 했지만, 젊은 세대에게는 브랜드 자체가 매력적으로 다가가지 못했다. 이를 극복하기 위해 '올즈모빌은 아버지 세대의 것이 아니다!'라는 캠페인을 통해 젊은 소비자들에게 어필하려고 시도했지만, 이미 브랜드 이미지가 고정되고 난 뒤였기 때문에 성과를 얻지 못했다. 결국, 긴 역사를 자랑하던 올즈모빌은 2004년을 끝으로 시장에서 자취를 감추었다.

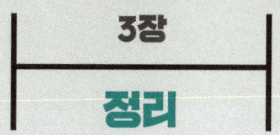

3장
정리

- 가장 좋은 고객은 상품과 브랜드의 팬이다. 브랜드의 **팬**을 만들었다면, 그 팬의 기대를 저버리지 않는 것이 중요하다.

- 브랜드에는 **휴리스틱스** 기능과 **자기 표현** 기능이 있다.

- 브랜드의 성격을 파악하는 데 유용한 개념으로 **브랜드 퍼스널리티**가 있다.

- 브랜드 퍼스널리티 이론은 브랜드를 의인화하여 인식하고, 성실성, 자극성, 능력성, 세련성, 터프함의 5가지 요소로 평가하는 이론이다.

- 사람은 자신과 유사하다고 느끼는 대상에 호감을 가지므로, 브랜드 퍼스널리티를 타깃 소비자의 성격에 맞춰 설정하는 방식이 효과적이다.

우리는 매일 엄청난 양의 광고를 접하고 있다. 하지만 실제로 시선을 사로잡는 광고는 극히 일부에 불과하며, 그중에서도 행동의 변화를 이끌어내거나 실제 구매로 이어지는 경우는 더더욱 드물다. 광고 회사들은 소비자에게 효과적으로 정보를 전달하기 위해 수많은 아이디어를 쥐어짜고 있다. 그러한 노력 속에서 여러 흥미로운 광고 기법들이 제안되고 실제로 활용되고 있다. 예를 들어, 비교 광고는 자사 상품과 경쟁 상품을 비교해 자사 제품의 우수함을 강조하는 방식이다. 또한 유명인을 기용하는 광고, 수영복이나 누드 등으로 시선을 끄는 섹시 광고, 그리고 영화나 드라마에 실제 상품을 자연스럽게 노출시키는 PPL(간접광고)도 대표적인 수법들이다.

이번 장에서는 이러한 다양한 광고 기법들이 실제로 효과가 있는지, 그 효과에 이론적인 근거가 있는지, 그리고 실제로 사용할 때 어떤 점에 유의해야 하는지를 심리학적 관점에서 하나씩 검토해보고자 한다.

4장

비교광고
정말로 효과적인가?

- 광고의 심리학 -

01
비교 광고 히스토리

비교 광고는 정말로 효과가 있을까?

 비교 광고란 '브랜드 A가 경쟁 관계에 있는 브랜드 B나 C를 명시적 또는 암시적으로 언급한 뒤, 양자를 비교하여 자사 브랜드가 더 우수하다는 점을 강조하는 광고 기법'을 말한다. 비교 광고에서 가장 유명한 사례는 펩시콜라와 코카콜라의 경쟁 광고다.

 미국에서는 이 두 브랜드를 둘러싼 다양한 비교 광고가 오랫동안 제작되어 왔다. 공격은 주로 펩시 측에서 시작하고, 코카콜라는 비교적 대응을 자제해 온 편이다. 또 다른 사례로는 유럽의 맥도날드와 버거킹을 들 수 있다. 이 경우 양쪽 모두 서로를 겨냥한 공격적인 광고를 내놓는 것이 특징이며, 광고 내용이 매우 독특하고 유쾌한 경우가 많다.

2014년 일본, 펩시는 코카콜라와의 직접 비교 테스트를 진행했다. 코카콜라 제로와 펩시 넥스 제로 중 어느 쪽이 더 맛있는지를 선택하게 한 결과, 응답자의 61%가 펩시를 선택했다고 광고했다. 실제로 펩시 광고에 코카콜라 제로가 등장하기도 했다.

소비자청이 2016년에 발표한 자료에 따르면 비교 광고가 허용되기 위한 조건은 다음과 같다.

① 비교 광고에서 주장하는 내용이 객관적으로 실증 가능해야 한다.
② 실증된 수치나 사실을 정확하고 적절하게 인용해야 한다.
③ 비교 방법이 공정해야 한다.

이러한 조건을 충족하면, 비교 광고는 소비자에게 유익한 정보를 제공하는 수단으로 인정받을 수 있다. 하지만 과연 이런 광고가 실제로 효과가 있는지는 단언할 수 없다.

마케팅 스토리

콜라 업계, 햄버거 업계의 비교 광고

● 펩시콜라와 코카콜라

〈자동판매기〉편: 소년이 자동판매기 앞에 선다. 소년은 자판기를 올려다보고 잠시 망설인다. 곧 소년은 동전을 넣고 코카콜라 캔을 하나 구입한다. 그리고 그것을 천천히 바닥에 내려놓는다. 계속해서 코카콜라를 한 캔 더 구입하여 또 바닥에 놓는다. 그리고 그 두 개의 코카콜라를 밟고 올라서자, 비로소 가장 위에 있는 펩시콜라 버튼에 손이 닿는다. 소년은 펩시콜라를 구매한 뒤 만족스럽게 떠나고, 두 개의 코카콜라는 바닥에 남겨진다.

〈미지와의 조우〉편: 어느 시골 마을에서, 밤에 소년이 강아지와 함께 즐겁게 뛰어놀고 있다. 그때 밤하늘에 거대한 UFO(영화 '미지와의 조우'에 나오는 UFO)가 나타난다. UFO는 드라이브인 상공에 정지하고, 그 아래에는 코카콜라와 펩시콜라의 자판기가 나란히 있다. 잠시 후, 두 자판기에서 하나씩 캔 음료가 UFO 안으로 빨려 들어간다. 그리고 얼마 지나지 않아 UFO 하단이 열리더니, 펩시 자판기 전체가 통째로 UFO에 빨려 들어간다. 코카콜라 자판기는 그대로 남겨진 채, UFO는 하늘로 사라진다.

● **맥도날드와 버거킹**

〈기발한 복수〉편: 소년이 공원에서 맥도날드 봉투에서 햄버거와 감자튀김을 꺼내 먹으려 한다. 그 순간, 늘 소년을 괴롭히던 아이가 다가와 햄버거를 빼앗아 간다. 그러자 소년은 좋은 아이디어를 떠올린다. 맥도날드에서 산 햄버거를 버거킹 봉투에 넣어 먹는 것이다. 다음 날, 소년은 다시 공원에서 햄버거를 꺼내 먹으려 하고, 괴롭히는 아이는 또 그 모습을 보고 다가온다. 하지만 이번에는 소년이 버거킹 봉투를 들고 있는 걸 본 순간, 그 아이는 아무 말 없이 그냥 자리를 떠난다. 소년은 버거킹 봉투에서 맥도날드 햄버거와 감자튀김을 꺼내 미소를 지으며 조용히 맛있게 먹는다.

〈버거킹의 로날드〉편: 어느 날, 버거킹 매장 안으로 모자를 깊게 눌러쓰고 레인코트를 입은 수상한 남성이 안절부절하며 들어와 햄버거를 주문한다. 점원이 말을 걸자 그는 흠칫 놀라며 고개를 드는데, 그 얼굴은 다름 아닌 맥도날드의 상징 캐릭터, 로날드 맥도날드. 몰래 버거킹 매장을 찾아온 것이다. 햄버거를 산 로날드는 매장을 나와 기둥 뒤에 몸을 숨기고 몰래 버거킹의 와퍼를 꺼내 맛있게 먹는다.

비교 광고의 실험적 연구

일본에서 실시된 한 연구(이시바시·나카타니우치 Ishibashi & Nakataniuchi, 1991)에서는 전단지 광고를 활용하여, 비교 광고와 일반 광고에 대한 인상 차이를 평가하고 분석했다.

대상 상품은 햄버거였으며, 광고 상단에는 노란색 배경에 햄버거 사진이, 하단에는 문장이 삽입된 형태였다. 광고주로는 실제 존재하는 대형 햄버거 체인점 M사와 소규모 체인점 D사가 설정되었다. 조작된 변수는 광고 문구였다. 비교 광고가 아닌 조건에서는 다음과 같은 문구가 사용되었다.

"M(D)사의 신제품 건강버거! 저지방, 저칼로리의 고급 다이어트 햄버거가 300엔에 등장했습니다!"

반면, 비교 광고 조건에서는 같은 문구 뒤에 다음 내용을 추가했다.

"참고로 D(M)사의 햄버거라면 같은 300엔이라도 그냥 햄버거일 뿐입니다. 당신의 선택은?"

실험 참가자들은 이 중 하나의 광고를 본 뒤, 각 광고에 대해 다음 항목에 대한 평가를 진행했다.

주목도 ('관심을 끈다' 등 4개 항목)

이해도 ('알기 쉽다' 등 3개 항목)

반감도 ('기분이 불쾌하다' 등 7개 항목)

그 결과, 비교 광고는 일반 광고에 비해 주목도는 높았지만, 반감도 역시 증가한 것으로 나타났다. 한편, 이해도나 광고주가 대기업인지 소기업인지 여부는 평가에 큰 영향을 주지 않았다.

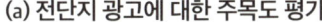

전단지 광고에서 비교 광고와 비교하지 않은 광고의 인상 평가

(이시바시, 나카타니우치, 1991)

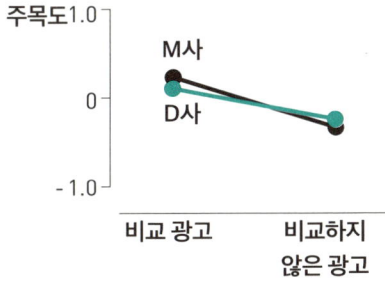
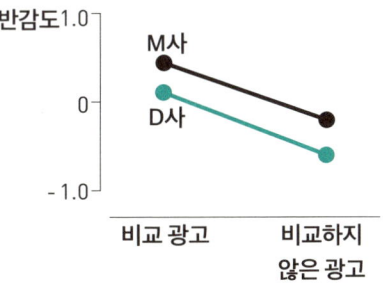

비교 광고 효과의 메타 분석 연구

비교 광고의 효과에 대한 연구는 지금까지도 많이 이루어져 왔지만, 그 결과는 연구마다 미묘하게 차이가 있으며, 때로는 정반대의 결론을 도출하는 경우도 있다. 이처럼 연구 결과가 다양하게 흩어져 있을 때 수많은 연구를 통계적으로 통합해 전체적인 경향성을 파악하고자 하는 분석 방법이 있다. 이를 '메타 분석 연구'라고 한다.

이와 관련해 그레월 연구팀 Grewal et al., 1997은 1975년부터 1996년까지 진행된 100개의 관련 연구를 데이터베이스 등을 통해 수집했고, 그 중 메타 분석에 필요한 데이터를 보고한 77개의 연구를 추려냈다. 그리고 이 연구들을 통합해, 다음과 같은 가설들이 성립하는지를 분석했다. 그 결과는 표 4-1에 정리되어 있다. '연구수'는 해당 주제를

표 4-1

비교 광고에 대한 메타 분석 연구 정리

(Grewal et al., 1997)

종속변수	내용	연구수	조정 후 d	검정	결과
광고 주목도	비교 광고에 더 주목하는가	3	0.47	$p<.05$	○
광고 메시지기억	메시지를 더 잘 기억하는가	18	0.27	$p<.05$	○
광고 브랜드기억	브랜드를 더 잘 기억하는가	24	0.33	$p<.05$	○
광고에 대한 생각	그 광고가 생각나는가	5	0.36	$p<.05$	○
광고의 신뢰성	광고 내용을 믿는가	36	0.10	n.s.	×
광고의 호감도	그 광고에 호감이 생겼는가	20	0.28	$p<.05$	역방향
브랜드에 대한 태도	그 브랜드가 좋아졌는가	42	0.23	$p<.05$	○
구매 의향	예전보다 사고 싶어졌는가	6	0.46	$p<.05$	○

다룬 논문의 수를, '조정 후 d'는 효과 크기를 나타낸다. 이 수치가 클수록 효과가 높다는 의미다.

이 결과는 앞서 소개한 이시바시·나카타니우치(1991)의 연구 결과와도 일치한다. 즉, **비교 광고는 확실히 주목도는 높고, 광고를 본 사람은 브랜드명이나 메시지를 더 잘 기억하지만, 광고 자체에 대해서는 호의적인 인상을 갖지 않을 가능성이 있는 형태의 광고인 셈이다.**

비교 광고에 중요한 것은 바로 유머!

인간관계에서도 그렇듯, 험담을 하는 사람은 좋은 사람으로 생각되진 않는다. 단, 비교 광고는 주목도가 매우 높고, 상품명이나 메시지를 기억할 가능성도 높기 때문에 이 점을 어떻게든 광고에 활용하고 싶은 욕구가 있을 뿐이다. 따라서 비교 광고이면서도 반감을 사지 않는 형식이 있다면 그것이 가장 이상적이다.

그중 첫 번째 수법은 유머의 도입이다. 예를 들어 코카콜라와 펩시콜라의 비교 광고나 맥도날드와 버거킹의 CF는 거의 대부분 농담 형식으로 제작되어 있다. 진지하게 펩시가 코카콜라를 향해 "맛이 없다"거나 "우리가 더 낫다"고 주장하는 광고였다면 오히려 불쾌하거나 서글픈 인상을 줬을지도 모른다. 하지만 "에이, 말도 안 돼" 하고 웃을 수 있는 내용으로 구성되어 있기 때문에 비교가 있더라도 반감은 유머 효과에 의해 상쇄되고, 주목 효과만 남게 되는 것이다. 게다가 농담이 재미있을 경우, 그 광고 자체가 화제가 되기도 한다.

마케팅 스토리

전설의 비교 광고 '펩시 챌린지'

이 캠페인이 미국에서 기획된 것은 1970년대. 당시 펩시는 '싸구려 음료' '가짜 콜라'라는 부정적인 브랜드 이미지로 인해 시장 점유율 확대에 어려움을 겪고 있었다. 이에 펩시는 마케팅 리서치를 실시했고, 맛 자체는 펩시가 우세했음에도 불구하고 인지도에서는 코카콜라가 앞서, 브랜드 이미지 효과로 인해 사람들은 "어느 쪽이 더 맛있었느냐"는 질문에 코카콜라를 선택하는 경향을 보인다는 것을 알아냈다.

이를 바탕으로 펩시 마케팅 팀은 '펩시 챌린지' 캠페인을 시작했다. 펩시는 좋은 반응에 힘입어 캠페인을 전국적으로 확대했고, 많은 행사장에서 승리를 거두며 그것이 광고와 입소문을 통해 퍼진 결과, 브랜드 이미지가 급상승하여 마침내 코카콜라와 어깨를 나란히 하는 콜라 브랜드로 성장하게 되었다. 이 시도는 1980년대 일본에서도 이어졌다. 아마도 일본에서 본격적

그림 4-2

일본의 '펩시 챌린지' 신문 광고

인 비교 광고가 처음 등장한 사례라고 할 수 있을 것이다. 이때 사용된 광고 문구는 다음과 같았다.

"두 종류의 콜라 맛 테스트에서 45%의 사람들이 펩시를 선택했습니다."

이 카피가 흥미로운 이유는, 통계학적으로 생각하면 펩시는 '졌음에도' 광고 효과를 얻었다는 점이다. 두 제품 중 하나를 랜덤으로 고를 경우 기대값은 50:50인데, 펩시는 45%에 그쳤다. 즉, 55%가 코카콜라를 선택했다는 뜻이다. 충분한 샘플 수를 감안하면 이 차이는 통계적으로 유의미하며, 펩시가 코카콜라보다 맛있지 않다는 결과로 해석할 수 있다. 그럼에도 불구하고 이 캠페인이 성공적인 마케팅 사례로 평가받는 이유는, 대중의 기존 인식을 흔들었기 때문이다.

> 연구 결과

코카콜라와 펩시콜라 중에 정말로 더 맛있는 것은?

야마다 연구팀 Yamada et al., 2011은 대학생 66명을 대상으로 코카콜라와 펩시콜라를 시음하게 하고, −3(매우 싫음)부터 +3(매우 좋음)까지의 7단계 척도로 맛을 평가하도록 했다. 실험은 세 가지 조건으로 나뉘어 진행되었다. 첫 번째는 통제 조건으로, 참가자들에게 아무 지시 없이 시음 후 바로 평가하게 했다. 두 번째는 '긍정 이유 분석' 조건으로, 어떤 점이 좋았는지를 생각한 뒤 평가하도록 했다. 세 번째는 '부정 이유 분석' 조건으로, 어떤 점이 싫었는지를 생각한 후 평가하게 했다.

결과는 그림 4-3과 같다. **통제 조건에서는 코카콜라가 더 높은 평가를 받았고, 긍정 이유 분석 조건에서는 펩시콜라의 평가가 더 높았다. 부정 이유 분석 조건에서는 양쪽 브랜드 모두 유의미한 차이가 나타나지 않았다.** 즉, 이 실험 결과만으로는 어느 쪽이 더 맛있다고 단정할 수는 없었고, 두 브랜드는 맛에 있어서는 대체로 비슷한 수준이라는 결론이 내려졌다.

> 그림 4-3

코카콜라와 펩시콜라의 맛 비교

(야마다 연구팀, 2011)

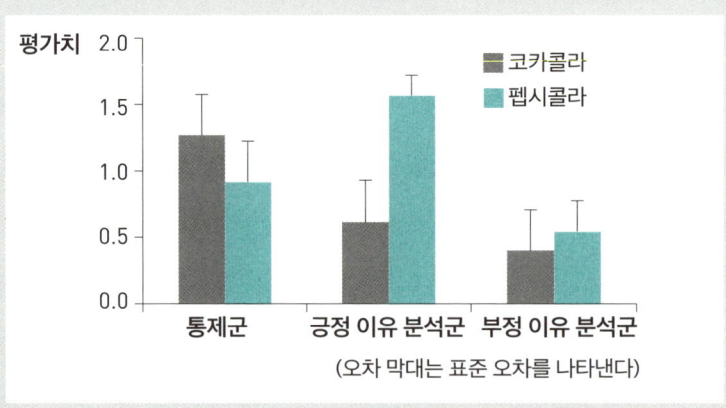

(오차 막대는 표준 오차를 나타낸다)

비교 기준을 세울 때 놓치지 말아야 할 것

비교 광고임에도 불구하고 소비자의 반감을 덜 사는 방법 중 하나는 바로 '자사 기준 비교'이다. 이는 한때 자주 사용된 방식으로, 경쟁사의 제품과 비교하지 않고 자신의 회사가 과거에 출시한 제품과 현재 제품을 비교하는 수법이다. 예를 들어 '세정력 30% 향상(기존 제품 대비)'와 같은 문구가 대표적이다. 이런 광고는 품질 향상이나 기술력의 진보를 강조하는 데 효과적이지만, 경쟁사와의 직접적인 비교에서 오는 임팩트나 긴장감은 상대적으로 부족하기 때문에 소비자에게 깊은 인상을 남기기는 어렵다.

1위 강조 광고의 효과

1위 강조 광고는 자사가 어떤 업계나 분야에서 1위라는 점을 강조하는 방식이다. 경쟁사를 직접 언급하지 않는다는 점에서 기존의 비교 광고와는 분명히 구별된다. 비교 광고가 부정적인 인상을 줄 수 있는 이유는, 상대를 깎아내리는 듯한 험담의 이미지 때문이다. 따라서 경쟁사를 깎아내리지 않으면서도 자사의 우위만을 어필할 수 있다면, 그보다 더 효과적인 방식은 없을 것이다. 그렇다면 이러한 1위 강조 광고는 실제로 효과적인가?

우리 연구실의 카이 씨는 이 문제에 대해 실험적으로 연구를 진행했다(카이 & 오치 Kai & Ochi, 2015).

- 첫 번째는 '비교 광고'로, 라이벌 브랜드의 이름을 명시한 뒤 자사 브랜드와 비교하여 자사의 우수성을 강조하는 방식이었다.
- 두 번째는 '1위 강조 광고'로, 자사 브랜드가 여러 경쟁 브랜드와 비교했을 때 특정한 측면(예 : 맛이나 성능 등)에서 1위라는 점을 부각시키는 형태였다.
- 세 번째는 '통제 광고'로, 비교 요소가 전혀 없는 일반적인 캐치프레이즈 광고였다.

이 세 가지 유형의 광고를 각각 12종 제작한 뒤, 실험 참가자들에게 광고에 등장한 상품에 대한 호감도, 광고의 이해도, 그리고 주목도를 평가하도록 했다. 그 결과는 그림 4-4에 정리되어 있다. 이 결과를 보면, 호감도와 이해도 모두에서 1위 강조 광고가 가장 높은 점

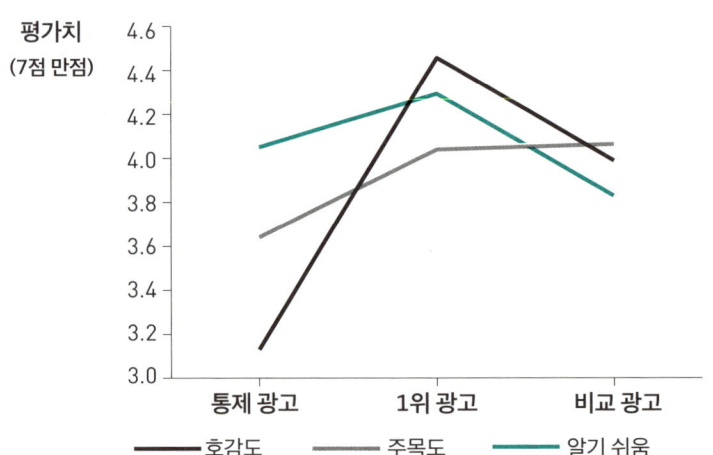

그림 4-4

광고 유형과 상품의 인상

(카이, 오치, 2015)

수를 기록했으며, 주목도는 직접적인 비교를 활용한 비교 광고에 다소 미치지 못했지만, 거의 비슷한 수준의 평가를 받았다. 즉, 1위 강조 광고는 비교 광고와 유사한 수준의 주목 효과를 가지면서도 호감도 평가를 떨어뜨리지 않는 수법이라는 결론을 확인할 수 있다.

1위 강조 광고는 사실 그리 쉽지 않다

1위 강조 광고는 효과적인 전략으로 여겨지지만, 실제로는 몇 가지 현실적인 문제가 따른다. 우선, '1위'라고 주장하기 위해서는 반드시 객관적인 근거가 필요하다. 만약 근거 없는 주장을 할 경우, 이는 경품 표시법 위반에 해당해 불법 광고로 간주될 수 있다.

따라서 그 주장이 통계적으로 입증 가능한 방식으로 증명되어야 한다. 그러나 모든 기업이 이러한 조건을 충족시킬 수 있는 것은 아니다.

예를 들어, 다음과 같은 광고 문구를 상상해볼 수 있다.

- 에히메현 개별학습지도 학원 중, 현역 와세다대 문과 합격률 1위(단, 추천입학 제외, 자사 실시 사립대 종합 모의고사 수험생 기준)

이처럼 조건이 길어지면 광고 효과는 떨어지고, 전달력도 약화된다. 더불어 최근에는 1위 강조 광고가 워낙 자주 쓰이다 보니, 소비자들이 더 이상 '1위'라는 표현에 큰 신뢰나 놀라움을 느끼지 않게 된 측면도 있다.

마케팅 스토리

어떻게 이런 영화가 전미 박스오피스 1위?

　영화 업계에서의 '박스오피스 1위' 타이틀은 어떻게 얻을 수 있을까? 단순히 재미있는 영화를 만들거나 대규모 홍보 예산을 투입하거나 유명 배우를 캐스팅하는 것도 한 방법이다. 그러나 실제 현장에서 **가장 자주 사용되는 전략은 경쟁작이 없는 시기를 노려 개봉일을 조정하는 것이다.**

　예컨대 영화가 흥행을 자신하지 못할 경우, 굳이 강력한 경쟁작들과 정면승부를 하기보다는 비수기나 경쟁작이 없는 시점에 개봉해 '1위'라는 타이틀을 확보하는 방식이다. 절대로 마블 시리즈나 제임스 카메론 감독의 신작과 같은 주에 개봉해서는 안 된다. 이와 같은 전략이 일상화되다 보니, 결과적으로 개봉 첫 주 전미 흥행 수입 1위라는 문구를 붙인 영화가 유난히 많아졌다. 때때로 관객 입장에서는 이런 영화가 정말 1위였다고? 싶은 경우도 있지만, 이는 결코 거짓말이 아니다. 다만 대부분의 경우, 해당 영화는 첫 주만 1위를 기록하고 이후 순위는 빠르게 하락한다. 이처럼 헐리우드 영화 마케팅팀은 개봉 주를 두고 철저한 전략 싸움을 벌이고 있으며, 어떻게든 1위를 만들어내는 방법에 정통한 이들이라 할 수 있다.

1위를 노리는 광고의 가능성

억지로 1위라고 주장하기보다는 차라리 '현재는 2위이지만 1위를 목표로 하고 있다'는 메시지를 전달하는 전략도 있다. 다시 말해, '아직은 1위는 아니지만 곧 1위가 될 가능성이 있다'는 기대감을 심어주는 방식이다. 실제로 과거 소프트뱅크는 '접속이 잘되는 No.1을 향해서'라는 광고 문구를 사용한 바 있다.

이런 접근은 선거 유세에서도 자주 활용된다. 후보가 "조금만 더 하면 당선입니다"라고 말하면 유권자 입장에서는 '내 한 표가 실제로 결과를 바꿀 수 있다'는 효력감을 느끼게 된다. 아슬아슬한 후보에게 표를 던지는 건 '내가 직접 변화에 기여할 수 있다'는 감각을 주기 때문에 더 강력한 동기를 유발하는 것이다.

이처럼 소비자에게도 '당신의 선택이 1위를 만드는 데 기여할 수 있다'는 메시지를 전할 수 있다면, 그 상품이나 브랜드에 대한 지지와 구매 행동을 유도할 수 있다. 팬의 응원으로 성장할 수 있게 했던 아이돌 육성 프로그램처럼, 아직은 무명이지만 내가 응원하면 언젠가 메이저로 성장할 수 있다는 '최애 마케팅'과도 연결된다.

자학 광고라는 새로운 전략

실제로 많은 경우, 자사 상품이나 브랜드는 시장에서 1위도 아니고, 2위도 아니며, 존재감이 크지 않을 수 있다. 그렇다면 이런 상황에서는 비교 광고는 아예 포기해야 할까?

최근 주목받는 한 가지 흥미로운 방법이 있다. **바로 자학적인 비교 광고다. 이 방식은 자사 상품이나 브랜드가 다른 회사 제품에 비해 부족하다는 점을 오히려 강조해 광고 효과를 노리는 전략이다.** 이런 광고의 선구자라고 알려진 것은 '유키구니 숙주나물'의 TV CF다. 이는 개그맨이 등장해 "유키구니 숙주는 너무너무 비싸니까~ 절대로 사지 마요~"라고 베이스를 치며 노래하는 내용이었다. 이 CF는 자사 상품을 '비싸다'거나 '사지 마라'고 말하는 점에서 자학적이라고 할 수 있다. 분명 자학적인 표현을 사용하고 있지만, 가격은 곧 품질의 신호로 작용하므로 '비싸다'는 말은 오히려 '품질이 좋다'는 인상을 줄 수 있고, "절대로 사지 마요"라는 문장은 오히려 소비자의 구매욕을 자극할 수 있다.

시마네도 일본의 영토입니다

시마네현은 일본 47개 도도부현 중에서도 비교적 존재감이 약한 편이다. 이런 상황에서 시마네현은 과감하게 자학적인 캐치프레이즈를 전면에 내세우는 전략을 펼쳤다.

예를 들어 "시마네도 일본의 영토입니다" "일본에서 47번째로 유명한 현"과 같은 문구가 그것이다. 또 기념품으로는 '시마네인지 돗토리인지 모르겠지만, 그 근처에 다녀왔습니다'라는 이름의 초콜릿 파이를 판매하기도 했다. 일본 동부 지역에서는 시마네와 돗토리의 위치를 정확히 구별하지 못하는 경우가 많기 때문에, 이 문구는 위트 있으면서도 지역의 약점을 오히려 강점으로 바꾼 절묘한 네이밍이었다. 이러한 시도가 의외로 대히트를 치면서, 시마네는 관광지로서 주목을 받게 되었다. 이렇게까지 정면으로 자학을 내세운 광고는 세계적으로도 드문 사례일 것이다.

자학 광고는 정말로 효과가 있을까?

자학 광고는 화제를 불러일으킬 수 있지만, 동시에 위험 요소도 내포하고 있다. 약점을 의도적으로 드러내는 방식이기 때문에 "광고는 재미있지만, 역시 이 상품이나 브랜드는 별로야"라는 인식을 심어줄 수 있으며, 이로 인해 매출 증대로 이어지지 않고 오히려 브랜드 인상이나 호감도가 악화될 가능성도 존재한다.

사회심리학에서도 이는 오래전부터 지적되어 왔다. 셀프 핸디캐핑Self-handicapping이란 시험 당일 아침 "큰일이야, 공부 하나도 안 했어. F는 확실해" 같은 식으로 스스로의 컨디션이나 상황을 미리 공개하는 것을 말하며, 이는 일반적으로 부정적인 인상을 주는 경향이 있다. 이에 나의 세미나 학생인 야마키Yamaki, 2017는 자학 광고의 효과에 대해 실험적으로 검증해보았다. 그는 실제 존재하는 브랜드 몇 가지를 선정해 다음과 같은 세 가지 유형의 광고를 제작한 뒤, 학생들을 대상으로 인상 평가 실험을 실시했다.

- **비자학 광고**: 일반적인 형태의 광고 문구를 사용한 것
- **열위 자학 광고**: 브랜드나 제품의 약점을 일부러 드러낸 것
- **우위 자학 광고**: 자학처럼 보이지만 실제로는 우위를 내포하고 있는 광고

예를 들어, '비싸다'는 표현은 곧 '고급이다'라는 인식으로 연결되며, 이는 자학을 가장한 고급 이미지 구축의 사례다. 이 외에도 '오래된 상품'이라는 표현을 통해 전통이 있다는 점을, '전문가 사이에서만 알려진 브랜드'라는 문구를 통해 전문성이나 신뢰도를 간접적으로 어필하는 방식 등이 모두 우위 자학 광고에 해당한다.

그 결과, '해당 광고에 얼마나 주목하는가'에 대한 평가에서는 자학 광고가 일반적인 광고보다 압도적으로 높은 주목도를 기록했다. 그뿐만 아니라 호감도 측면에서도 놀랍게도 열위 자학 광고가 일반적인 광고보다 더 높은 평가를 받았다. 이러한 효과가 발생한 이유를 분석해본 결과, 핵심은 '응원하고 싶은 마음'이라는 정서적 반응에 있다는 것이 밝혀졌다. 다시 말해 자학 → 응원하고 싶다 → 호감도 라는 감정 흐름이 작동한 것이다.

반면, 우위 자학 광고는 열위 자학 광고보다 효과가 낮았는데, 이는 일부 수용자들이 자학 속에 숨어 있는 자랑 요소를 간파했기 때문으

그림 4-5

자학 광고의 효과

(야마키, 2017)

(a) 광고에 대한 주목도

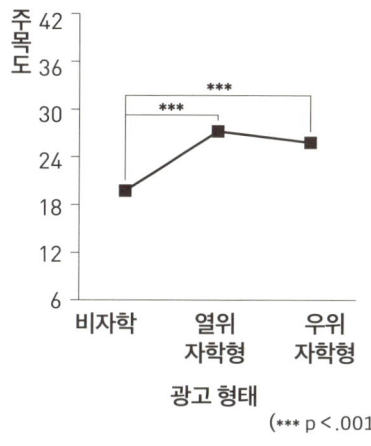

(*** p < .001)

(b) 광고에 대한 호감도

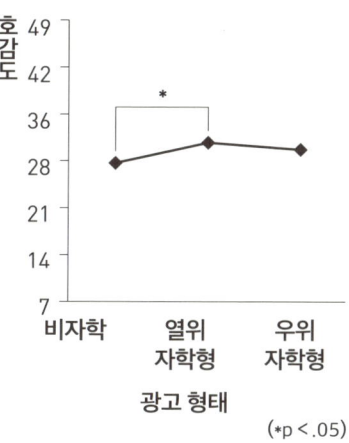

(*p < .05)

(c) 광고에 대한 응원 심리

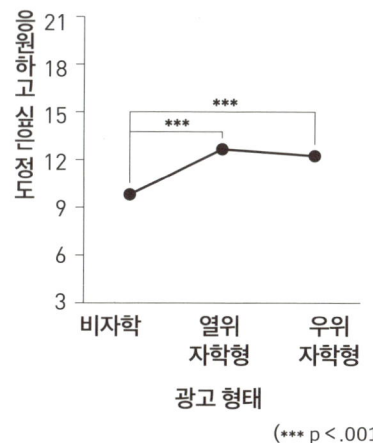

(*** p < .001)

로 보인다. 이를 '언더독underdog(싸움에 진 개) 효과'라고 부르며(맥기니스와 젠트리McGinnis & Gentry, 2009), 이때도 '응원하고 싶은 마음'이 중요한 감정적 매개로 작용한다는 것이 밝혀졌다. 다만 흥미로운 점은, 자학 광고 효과를 실증한 해외 연구들이 대부분 아시아 지역에 편중되어 있다는 것이다. 따라서 유럽이나 미국 등 영미권 문화권에서는 이와 같은 광고 방식이 기대만큼 효과를 내기 어려울 가능성도 있다는 지적이 있다(준 연구팀Jun et al., 2015).

> 연구 결과

서브리미널 효과는 거짓말?

서브리미널(역치하) 광고란, 사람이 의식하지 못할 정도로 아주 짧은 시간에 메시지를 노출시키는 광고 방식이다. 1957년에 있었던 '콜라 실험' 덕분이다. 뉴저지주 포트리라는 마을의 자동차극장에서 '피크닉'이라는 영화를 상영할 당시였다. 광고업자 제임스 비카리는 관객이 눈치채지 못할 정도의 짧은 시간(3,000분의 1초)에 5초마다 한 번씩 '콜라를 마셔(DRINK COKE)'와 '팝콘을 먹어(EAT POPCORN)'라는 문구를 화면에 슈퍼 인보이스 방식으로 삽입했다.

비카리는 이 실험을 6주간 45,699명을 대상으로 진행한 결과, 코카콜라 매출이 18.1%, 팝콘 매출이 57.7% 상승했다고 주장했다. 이 보고는 엄청난 반향을 불러일으켰고, 많은 이들이 문제를 제기하며 규제 방안을 논의하는 등 큰 사회적 소동으로 이어졌다. 이는 만약 이런 광고가 가능하다면, 사람들이 무의식중에 세뇌당할 수도 있다는 불안감 때문이었다. 특히 당시 냉전 시대의 미국에서는 공산주의의 침투에 대한 공포가 현실적인 위협으로 받아들여졌기에 더욱 민감하게 반응할 수밖에 없었다.

하지만 당시의 기술로는 영화 스크린에 3000분의 1초짜리 자막을 삽입하는 것이 기술적으로 불가능했다. 결국 비카리는 이후 이 실험 결과가 날조였음을 간접적으로 인정하게 된다 Danzig, 1962.

그렇다고 해서 서브리미널 정보 자체가 아무런 효과가 없다는 뜻은 아니다. 무의식적으로 제시된 정보가 사람들의 인지나 감정에 미묘한 영향을 미칠 수 있다는 점은 다양한 연구에서 확인되었다. 서브리미널 자극으로 가능한 최대 효과는 '목마름'이라는 개념에 인지적 주의가 집중된다거나, 콜라와 관련된 단어의 인지 속도가 아주 약간 향상되는 정도에 그친다.

02
연예인 광고는 양날의 검일까?

왜 연예인으로 광고하려 하는가?

최근에는 세계적으로 연예인 광고의 비율이 높아지고 있다. 그렇다면 왜 연예인 광고가 효과적일까?

- **주목 가설** : 사람은 아는 얼굴이 있으면 빠르게 알아채고 그 대상에 주의를 기울이게 된다. 때문에 유명한 연예인이 등장하면 그 광고에 시선이 끌리는 것이다.
- **조건부 가설** : 우리에게 '즐거움'을 주는 대상과 함께 무언가를 반복적으로 하면, 그것 역시 즐겁다고 느끼게 된다. 따라서 호감도와 매력도가 높은 연예인과 함께 브랜드나 상품을 노출하면, 점차 그 브랜드나 상품 자체에도 호감이 생긴다.
- **밸런스 이론** : 사회심리학에서는 내가 좋아하는 사람이 좋아하는 것을 나도 좋아하게 되고, 싫어하는 것을 나도 싫어하게 된다고 본다. 사람은 인지의 조화가 이루

어진 상태를 안정적으로 느끼기 때문이다. 이 때문에 많은 이들이 좋아하는 연예인이 애용하는 브랜드를 보면, 그 브랜드에 대한 호감도도 높아진다.

- **연상 단서 가설** : 특정 연예인이 어떤 브랜드나 상품의 광고에 나서면, 그 연예인을 보는 것만으로도 해당 브랜드가 연상된다. 일반적으로 자주 떠올리는 대상일수록 호감도가 올라가므로, 자주 보는 연예인이 모델이라면 브랜드에 대한 호감이 올라간다.
- **동경 가설** : 연예인은 종종 '저렇게 되고 싶다'는 대상이 된다. 팬들은 그 연예인이 사용하는 화장품, 입는 옷, 쓰는 물건 등을 따라 구매한다.
- **전문성 가설** : 전문가의 조언은 신뢰성이 높고 설득력도 크다. 패션, 화장품, 맛집 등의 분야에서 연예인은 '프로'로 인식되기 때문에 그들이 추천하는 상품은 더 매력적으로 받아들여진다. 특히 고학력 탤런트나 학자 연예인은 이 효과를 더욱 강하게 발휘한다.

이 가설들은 모두 일정 부분 타당성이 있으며, 실제로 연예인 광고는 수많은 광고 중에서도 특히 눈에 잘 띄고, 연예인의 이미지가 상품 인지도와 호감도로 전이되는 경향이 있다. 그렇기 때문에 많은 기업들이 이 수법을 활발하게 활용하고 있다.

연예인 광고를 내려놓아야 할 때

연예인 광고는 항상 효과적인 것은 아니다. 이는 연예인 광고가 본질적으로 연예인의 호감도나 이미지에 기대고 있기 때문이다. 이와 같은 방식은 이른바 주변 경로에서 작동할 때 효과를 발휘한다. 반대로 중심 경로에서 이루어지는 구매 결정의 경우에는, 소비자가 광고에 등장하는 인물의 호감도나 분위기보다는 상품의 구체적인 정보와 논리적 설득에 더 영향을 받는다.

반면, 가격이 비교적 저렴하고, 제품 간 성능 차이가 뚜렷하지 않거나 소비자가 그 차이를 평가하기 어려운 상품, 혹은 애초에 평가할 생각이 없는 상품에는 연예인 광고가 큰 효과를 발휘할 수 있다. 예를 들면 일상적인 용도로 구입하는 자동차, 초보자용 컴퓨터, 그리고 초콜릿이나 과자 같은 식품류에서는 연예인 광고가 소비자의 구매 욕구를 자극하는 데 효과적이다.

연예인 광고의 호감도 가설

그렇다면 어떤 연예인이어야 하는가? 위에서 설명한 다양한 가설들이 효과를 발휘하기 위해서는, 광고에 등장하는 연예인이 대중적으로 인기가 있고 호감도가 높다는 점이 기본 조건이 된다. 이 기준을 바탕으로 한 이론을 '호감도 가설'이라 한다.

광고 효과를 높이기 위해서는 타깃 소비층이 누구인지 명확히 파악하고, 그들이 특히 좋아하는 연예인을 선택하는 것이 중요하다. 즉, 남녀노소에게 골고루 호감이 있는 연예인을 쓰기보다는 특정 유저층에서 강한 호감을 얻고 있는 인물을 고르는 것이 전략적으로 더 유효하다. 예를 들어 젊은 여성층을 겨냥한 상품이라면 그 연령대 여성에게 인기가 많은 연예인을 기용하고, 고령층을 위한 상품이라면 그들에게 친숙하고 신뢰받는 인물을 내세우는 것이 효과적이다.

마케팅 스토리

그렇다면 누구여야 하는가?

현실적으로 모든 업종이 소수의 인기 연예인에게 몰리는 경향이 있다. 실제로 같은 연예인이 동종 업계의 경쟁사 광고에 동시에 출연하는 경우는 거의 없다. 다만 업종이 서로 다르면 한 연예인이 여러 브랜드 광고에 기용되는 일은 가능하며, 이런 경우 TV나 온라인에서 자주 보이는 '다작 광고 모델'이 생기게 된다.

하지만 한 연예인이 여러 브랜드의 광고에 반복적으로 등장하는 경우, 또 다른 문제가 발생할 수 있다. 연예인을 활용한 광고가 효과적이 되기 위해서는 특정 연예인을 봤을 때 곧바로 특정 브랜드나 상품이 연상되는 것이 중요하기 때문이다(이것이 바로 연상 단서 가설이다).

이처럼 하나의 연예인이 너무 많은 상품과 연결되어 있어 연상 효과가 약해지는 현상을 '팬 효과'라고 부른다. 여기서의 '팬'은 연예인의 팬(fan)이 아니라, 하나의 개념이 너무 많은 다른 개념과 연결되어 있을 때 각 연결의 강도가 희석되는, 인지 심리학적 구조에서의 '팬(node)' 개념을 의미한다. 팬 효과를 피하기 위해 가장 확실한 방법은 특정 연예인을 독점적으로 기용하

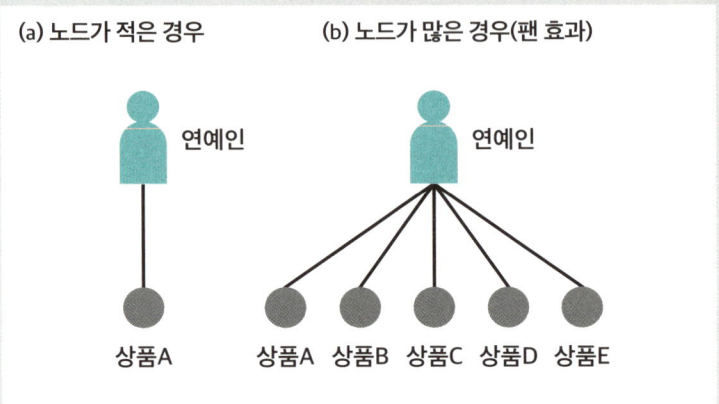

그림 4-6 팬효과의 모식도
(a) 노드가 적은 경우
(b) 노드가 많은 경우(팬 효과)

는 것이다. 그러나 인기 연예인을 독점하려면 상당한 광고비가 소요되기 때문에 현실적으로 실행하기 어려운 경우가 많다.

그 대신 사용할 수 있는 방법은, 연예인과 상품 또는 브랜드 사이에 긴밀한 관계성이 있다는 인상을 소비자에게 심어주는 광고를 제작하는 것이다. 예를 들어 단순히 유명 연예인을 등장시키는 데 그치지 않고, 광고 문구 속에 'A 상품의 B 씨'라는 표현을 반복함으로써 소비자에게 A 상품과 B 씨 사이의 연상 관계를 강하게 심어준다.

연예인 광고에서의 매치업 가설

1장에서 상품 이미지와 포장지 이미지의 조화가 상품 이미지 향상에 도움이 된다는 점을 다룬 바 있다. 사실 연예인 광고에서도 이와 유사한 논의가 가능하다. **상품 이미지에 잘 어울리는 연예인을 기용했을 때 광고 인상이 좋아지고, 상품에 대한 기억 또한 향상되는 경향이 있다. 이를 '매치업 가설'이라고 한다.**

연예인에 의한 브랜드 이미지 변화 효과

연예인이 광고에 등장하면, 해당 상품의 이미지도 그 연예인의 이미지에 영향을 받고, 경우에 따라 연예인 역시 상품 이미지의 영향을 받을 수 있다. 일반적으로는 연예인의 이미지가 더 강하게 작용하기 때문에(이는 노출 빈도의 차이와, 사람이 물건보다 사람에게 더 강한 인상을 받기 쉬운 특성 때문이다) **상품의 이미지가 연예인의 이미지에 영향을 받는 방향으로 변화하는 경우가 많다.**

이러한 효과를 전략적으로 잘 활용하면 상품 이미지를 의도한 방향으로 조정할 수 있다. 특히 이 방식이 효과적인 사례는 세 가지가 있는데 첫째는 신상품 도입 시이다. 신상품은 소비자에게 고정된 이미지가 없기 때문에 어떤 연예인을 기용하느냐에 따라 초기 포지셔닝이 결정된다. 둘째는 자사의 A상품과 경쟁사 B상품의 이미지가 비슷해 차별화가 어려운 경우다. 이럴 때 연예인을 기용하면 자사 상품의 이미지를 조정해 경쟁사와 구별되는 인상을 줄 수 있다.

'차이를 아는 남자'는 어떤 커피를 마실까?

셋째는 자사 상품의 브랜드 가치를 높이고자 할 때다. 브랜드 가치를 끌어올리는 일은 원래 매우 어렵고, 오랜 시간에 걸친 꾸준한 노력과 이미지 관리가 필요하다. 하지만 고급스러운 이미지를 가진 연예인을 기용하면 비교적 짧은 시간과 낮은 비용으로 브랜드 이미지를 개선할 수 있는 가능성이 있다.

네슬레는 세계 최초로 스프레이 드라이 제법을 이용한 인스턴트 커피를 개발했다. 이 제품은 이전의 인스턴트 커피보다 훨씬 품질이 뛰어나 일반 소비자가 일반 커피와 구별하기 어려울 정도였다. 그러나 당시 미국에서는 '인스턴트 커피는 집안일을 소홀히 하는 게으른 주부가 마시는 것'이라는 이미지가 있어 판매가 부진했다. 이에 반해 일본에서는 네스카페 광고에 고급스럽고 세련된 남성 유명인을 기용해 인스턴트 커피의 이미지를 바꾸는 전략을 사용했다. 작가 엔도 슈사쿠, 가부키 배우 나카무라 키치에몬, 패션 디자이너 야마모토 칸사이, 발레 무용수 쿠마가와 데쓰야, 연출가 미야모토 아몬 등이 등장했고, 광고 문구는 '차이를 아는 남자의 골드 브랜드(상품명)'였다. 따라서 일본에서는 인스턴트 커피에 대해 '집안일을 소홀히 하는 게으른 주부가 마시는 음료'라는 부정적인 이미지가 형성되지 않았다.

마케팅 스토리

캔커피 BOSS의 연예인 전략

음료·주류 업계에는 여러 브랜드가 치열하게 경쟁하는 주요 시장이 몇 군데 있다. 캔커피 시장은 원래 코카콜라의 '조지아'가 압도적인 점유율을 자랑하던 분야였다. 이에 맞선 산토리의 '웨스트'는 점유율이 겨우 5% 전후에 불과했고, 갈색 스트라이프에 오래된 폰트를 사용한 디자인도 시대감각과는 거리가 멀었다.

산토리는 이를 타개하기 위해 브랜드 전략 전면 재편에 나섰다. 먼저 세분화segmentation와 타깃 설정targeting을 실시했는데, 소비자 조사를 통해 캔커피 소비의 대부분이 '헤비 유저'에 의해 지탱되고 있다는 사실을 발견했다. **하루에 3캔 이상 마시는 '울트라 헤비 유저'는 전체의 약 10%에 불과했지만, 이들이 전체 매출의 약 절반을 차지하고 있었던 것이다.** 산토리는 이 소비층을 1 타깃으로 설정했다.

리서치 결과, 영업사원, 트럭·택시 운전사, 건설 현장 종사자 등 신체 활동이 많은 직종에 종사하는 남성들이 다수를 차지하고 있었다. 그들은 바쁜 업무 중간에 담배 한 대와 함께 자판기에서 캔커피를 뽑아 마시는 패턴을 보였다. 기존의 캔커피는 단맛이 강하고 가정적인 음료에 가까웠지만, **산토리는 이 타깃층을 보고 더 거칠고 남성적인 맛과 이미지를 강조하는 방향으로 전략을 전환했다.** 광고 모델도 강한 개성과 남성적인 이미지로 유명한 연예인으로 바꾸었다. 브랜드 역시 'BOSS'로 새롭게 론칭하고, 포장지 디자인도 중후하고 댄디한 느낌으로 완전히 바꾸었다.

이 전략은 대성공이었다. 이는 상품 이미지와 연예인 이미지가 일치할 때 효과를 낸다는 '매치업 가설'을 잘 활용한 사례다. 아무리 인기 있어도 젊은 여성 아이돌이 모델이었다면 이런 효과를 얻기는 어려웠을 것이다.

연예인 광고의 위험성

연예인 광고는 전략적으로 매우 유용한 수단이지만, 동시에 일정한 위험을 수반하고 있다는 점도 간과할 수 없다. 특히 연예인의 경우, 스캔들이나 부정적인 이슈로 인해 이미지가 한순간에 추락할 가능성이 크며, 이로 인해 해당 광고에 등장한 상품의 이미지에도 곧바로 악영향이 미칠 수 있다. 그래서 광고 담당자는 연예계 관련 정보를 사전에 수집하고, 연예인의 이미지 리스크를 철저히 파악하는 것이 중요하다.

뱀파이어 효과를 경계하라

연예인 광고에는 또 하나의 잠재적 위험 요소가 있다. 바로 '뱀파이어 효과'다. **이는 광고를 본 소비자의 주의가 연예인에게만 쏠려, 정작 광고의 본질인 상품이나 브랜드는 주목받지 못하고 기억에도 남지 않는 현상을 말한다.** 이 효과를 실험적으로 확인한 연구로는 엘프겐 연구팀 Elfgang et al., 2015의 실험이 있다.

이들은 유명 모델이자 배우인 신디 크로포드를 기용한 슈왈츠코프 사의 헤어컬러 제품 '에센셜 칼라'의 포스터 광고를 활용했다. 이 광고는 실제로 수백만 유로의 제작비가 투입된 광고이기도 하다. 비교 군으로는 신디 크로포드와 비슷한 매력도, 우아함, 품격을 갖춘 무명 모델을 사용한 동일 디자인의 포스터를 제작해 실험에 활용했다. 참

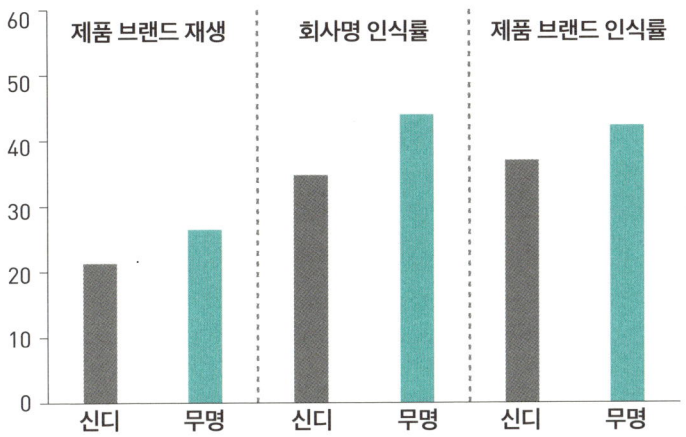

그림 4-7 브랜드명, 회사의 재생/재확인성적으로 본 뱀파이어 효과

(Erfgen et al., 2015)

가자들은 두 포스터 중 하나를 6초간 본 뒤, 계산 과제 등 방해 과제를 수행한 후, 회사명과 브랜드명을 회상하는 과제(재생 과제) 및 주어진 보기 중에서 정답을 고르는 과제(재확인 과제)를 수행했다. 결과는 신디 크로포드가 등장한 광고에서 브랜드 회상률과 재확인률이 모두 낮아져, 뱀파이어 효과가 실제로 나타났음을 보여주었다.

이후 진행된 2실험에서는 독일의 인기 모델 하이디 클룸을 활용해 캘빈 클라인(패션 브랜드)과 브랜드 어 메드(치약 브랜드)의 광고를 실험했다. 이 실험에서도 동일한 결과가 나타났고, 연예인이 등장했을 때 브랜드 인지도는 오히려 하락했다.

엘프겐 연구팀은 이 효과의 원인이 '소비자 – 브랜드 – 연예인' 사이의 관계성 부족에 있다고 지적한다. 즉, **연예인의 강렬한 팬이더라**

도 해당 브랜드나 제품에 관심이 없을 경우, 소비자의 주의는 연예인에게만 머물고 상품은 무시되기 쉽다는 것이다. 따라서 연예인과 상품 사이에 필연적 연결고리를 만드는 것이, 연예인 광고의 성공 여부를 가르는 핵심이 된다.

03
PPL로
자연스럽게 광고하기

PPL 없이는 방송이 안 되는 세상

PPL Product Placement이란 영화나 드라마 속에 상품을 자연스럽게 등장시켜, 광고 효과를 노리는 기법이다. 시청자에게 무의식적으로 브랜드를 각인시키거나, 주인공이나 유명 배우가 그 상품을 사용하는 장면을 통해 '연예인 광고'와 유사한 효과를 유도하는 것이다.

'마이너리티 리포트'에서 톰 크루즈가 착용한 불가리 시계(실제로는 오메가 스피드마스터 스카이워커 X-33), '킬 빌'에서 우마 서먼이 신은 오니츠카 타이거의 스니커즈(Taichi 또는 Mexico 66), '백 투 더 퓨처'에서 마이클 J. 폭스가 신은 나이키 스니커즈, '스피드'의 키아누 리브스나 〈아메리칸 스나이퍼〉의 브래들리 쿠퍼가 착용한 CASIO의 G-SHOCK 시계(DW-5600C와 DW-6600) 등이 있다.

시청자의 기억에 남는 제품

그렇다면 영화 속 한 장면에 브랜드나 상품이 살짝 등장하는 것만으로, 시청자가 그것을 인식하거나 기억할 수 있을까? 이 의문에 대해 실제 영화로 실험을 진행한 것이 브레넌 연구팀 Brennan et al., 1999의 연구다. 이들은 대학생들에게 실베스터 스탤론 주연의 복싱 영화인 〈록키 3〉와 〈록키 4〉를 시청하게 한 후, 해당 영화 속에 등장했던 브랜드나 상품을 보기 문항 형식의 리스트에서 찾아내는 과제를 실시했다. 여기에서는 〈록키 3〉에 관한 실험 결과가 표 4-2에 정리되어 있다.

'온세트'는 주인공 등 등장인물이 실제로 사용하거나 브랜드명이 대사로 언급되는 경우를 말하며, '크리에이티브'는 단순히 배경 일부로 비치는 경우를 뜻한다. 오른쪽에는 각각의 브랜드가 어느 정도 인식되었는지를 나타내는 브랜드 인식률이 정리되어 있다.

분석 결과, 온세트와 크리에이티브는 분명 브랜드 인식률에 크게 영향을 미치고, 온세트의 경우에 브랜드 인식률이 올라갔다. 하지만 **화면에 나타나고 있던 시간은 그다지 영향을 미치지 않았다. 즉, 한 순간이라도 비추면 그것만으로 광고 효과가 있는 경우가 있는 것이다.** 예를 들어 총 31초 나온 나이키의 브랜드 인식률은 1초밖에 나오지 않았던 잡지 'People'과 거의 차이가 없다.

표 4-2

〈록키3〉에 등장하는 브랜드와 시청자의 브랜드 인식 기억

(Velasco et al., 2014)

브랜드명	등장시간(초)	브랜드 인식률(%)
온세트		
Wheaties	8.17	87
Madison Square Garden	5.71	87
Harley Davidson	5.37	85
American Express	2.71	78
GQ	0.61	72
Caesar's Palace	9.00	67
Nike	31.44	65
People Magazine	1.00	63
The Muppet Show	6.82	61
Maserati	1.00	56
크리에이티브		
Marines	22.75	35
Coca-Cola	33.24	26
Budweiser	2.00	23
Tuf-wear	2.27	20
Marantz	3.00	15
Wurlitzer	1.00	11
Woolworth's	4.65	9
Lowenbrau	1.00	6
Sugar Babies	1.00	4
Hamm's Beer	1.05	2

PPL은 왜 효과가 있을까?

일반적인 광고에서는 광고주가 그 상품을 얼마나 팔고 싶어하는지가 너무 뚜렷하게 보이지만, PPL 방식이라면 그런 의도가 잘 느껴지지 않는다. 심리학에서는 이를 설명하는 개념으로 '리액턴스reactance 효과'가 알려져 있다. 이는 강제적인 명령이나 지시를 받으면 본능적으로 반발하고 싶어지는 심리적 반응을 의미한다. **광고도 마찬가지다. 아무리 품질이 뛰어난 상품이라도 '이걸 사세요'라는 의도가 노골적으로 드러나면, 오히려 소비자는 구매 욕구를 잃게 된다.**

참고로 이와 관련된 현상으로 '주워듣기 효과'라는 개념도 있다. 이는 마주 앉아 설득당하는 상황보다, 우연히 흘려듣는 식으로 설득 메시지를 접했을 때 설득 효과가 더 커지는 현상이다. 주워듣기의 경우 리액턴스가 잘 발생하지 않기 때문에 설득 효과가 커진다. 실제 마케팅에서도 입소문이 예상 외로 강한 효과를 보이는 이유는 이 주워듣기 효과 덕분이다. 즉, 직접 광고를 보는 것보다 지하철 안에서 누군가가 말하는 상품에 대한 긍정적인 평판을 우연히 들었을 때 오히려 더 사고 싶어지는 것처럼 말이다.

마케팅 스토리

'캐스트 어웨이'로 성공한 페덱스의 PPL

로버트 저메키스 감독의 영화 '캐스트 어웨이'는 톰 행크스가 연기하는 페덱스^{PedEx}의 매니저가 출장 중 타고 있던 비행기가 추락해 무인도에서 4년간 생존한 끝에 귀환하는 이야기를 다룬다. 이 영화에서 주인공은 실존하는 기업인 페덱스의 직원으로 설정되며, 추락하는 비행기 역시 페덱스 마크가 선명히 보이는 회사의 소속기로 나온다. 그는 무인도에서 떠내려온 페덱스의 소포를 열어 그 안의 물건으로 생존을 도모하게 되며, 영화 전반에 걸쳐 페덱스는 중요한 배경으로 지속적으로 등장한다.

이 작품은 처음부터 페덱스의 PPL을 목적으로 제작된 것이 아니라, 각본이 완성된 후에 페덱스 측에 협력을 요청한 것이다. 페덱스는 촬영에 실질적으로 협력했으며, 멤피스, 로스앤젤레스, 모스크바의 실제 화물 집적소에서 촬영이 진행되었고, 비행기, 트럭, 유니폼 등도 모두 실제 장비가 제공되었다. 심지어 당시 CEO였던 프레드 스미스는 본인 역할로 카메오 출연까지 했다. 물론 일부 임직원이나 주주 사이에서는, 자사 항공기가 추락하는 장면이 포함된 영화에 협조하는 것에 대해 부정적인 목소리도 있었다. 하지만 경영진은 페덱스의 기업 철학인 '절대 포기하지 않는다'라는 정신과, 영화가 보여주는 글로벌 비즈니스 배경이 자사의 이미지와 부합한다고 판단해 협력을 결정했다.

그 결과 영화는 전 세계적으로 높은 평가를 받았고, 이에 따라 페덱스의 브랜드 가치도 상승했다. 실제로 아시아와 유럽에서는 브랜드 인지도 향상 효과가 나타났으며, 이 영화는 톰 행크스의 대표작으로 자리잡아 지금까지도 스트리밍 플랫폼에서 꾸준히 인기를 얻고 있다. 특히 페덱스는 이 영화에 대해 PPL 비용을 따로 지불하지 않았기 때문에, 광고 효과 대비 투자 효율 면에서 매우 성공적인 사례로 꼽힌다.

제임스 본드의 '롤렉스가 아닌' 오메가

PPL은 브랜드나 상품이 자연스럽게 작품 속에 녹아드는 것이 핵심이기 때문에, 등장 방식이 억지스럽거나 부자연스러우면 관객이 광고 의도를 눈치채고 오히려 거부감을 느끼게 되어 효과가 급격히 떨어진다. 예를 들어 마르샹 연구팀 Marchand et al., 2015은 논문에서 제임스 본드 영화에서의 부자연스러운 PPL 사례를 비꼬며 소개하고 있다.

다니엘 크레이그가 제임스 본드를 연기한 영화 '007 카지노 로얄'에서, 여성 스파이 베스퍼와 나누는 다음과 같은 대화가 대표적이다. 이 장면은 비교 광고의 형태도 띠고 있다.

베스퍼 : "M6는 여왕과 국가를 위해서라면 타인을 아무렇지도 않게 죽일 수 있는 젊은 사회 부적응자들을 모집하지. 물론 알겠지만, 그들은 보통 SAS 출신 같은 근육질에 다정한 미소를 지녔고, 게다가 고급 시계를 차고 있지. 당신은 롤렉스?"
본 드 : "오메가야."
베스퍼 : "멋진 시계네."

'카지노 로얄'은 제임스 본드 시리즈 중에서도 평가가 높은 작품이지만, 이 장면만큼은 스토리 흐름과 무관하게 갑작스럽게 등장하는 브랜드 언급 때문에 지나치게 노골적인 광고처럼 느껴진다는 비판을 받았다.

PPL의 리액턴스 효과

마르샨 연구팀(2015)은 PPL이 노골적일수록 소비자들이 해당 브랜드에 대해 반감을 갖고 평가가 낮아지는지를 실험을 통해 검증했다. 이를 위해 영화 제작 전문가와 프로 연기자 총 21명이 참여해 실험용 7분짜리 영화를 제작했다. 영화의 줄거리는 한 여성 주인공이 아침에 잠에서 깨어나 자신의 사랑, 인생, 경력에 대해 고민하고, 마지막에는 장래에 대한 결단을 다지는 데 도움을 주는 남성과 마주친다는 내용이다.

이 영화는 PPL 노출 강도에 따라 3종류로 나뉘었다. 통제군에서는 대상 상품이 배경 속에서 자연스럽게 등장하고, 대사에서도 단순히 "사과 주스를 한 모금 주시겠어요?"라고 언급된다. 중간 노출군에서는 코카콜라사의 탄산음료 '리프트'가 화면에 6회 등장하고, 대사 중 한 곳에서 "리프트를 한 모금 주시겠어요?"라는 형태로 브랜드명이 명시된다. 높은 노출군에서는 같은 브랜드가 화면에 총 12회 등장한다.

영화를 시청한 후, 참가자들은 영화 자체와 등장 브랜드에 대한 평가를 하고, PPL에 대한 반감 정도를 측정했다. 그 결과는 그림 4-8에 나타나 있다. **실험 결과, 예상대로 PPL 노출이 노골적일수록 브랜드에 대한 반발은 커지고, 상품에 대한 평가는 낮아지는 경향을 보였다.**

그림 4-8

PPL에 있어서의 노출의 정도와 브랜드 평가, 반발도의 관계

(Marchand et al., 2015)

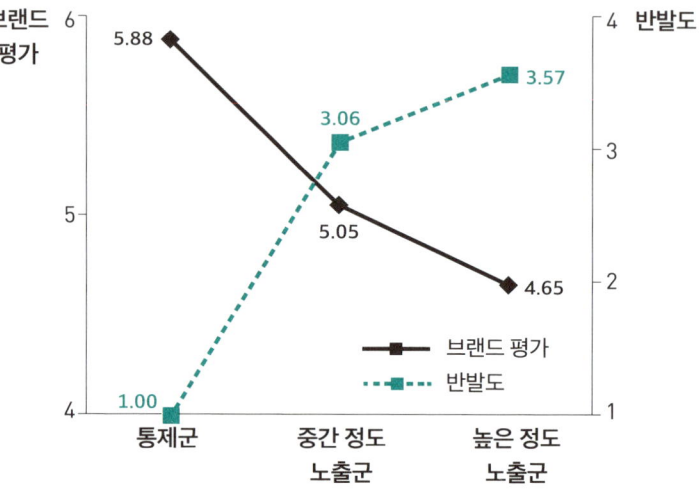

조용히 지나가는 자막에 주목하라

일반적으로 TV 드라마에서는 연예인의 의상을 제공하거나, 소품을 지원하거나, 교통기관이나 사무실, 대학 캠퍼스 등에서의 촬영을 허가해주는 대가로 프로그램 마지막에 아주 짧은 시간 동안 '협력 기업' 자막으로 이름이 나오는 형태의 소극적인 PPL이 자주 이루어진다. 이 덕분에 제작사 측이 기대한 것 이상으로 각 브랜드에게는 뛰어난 비용 대비 효과를 거두는 홍보 수단이 된다.

게임 시대의 PPL

　현재의 엔터테인먼트는 영화나 TV에 국한되지 않고, 다양한 영역으로 확장되어 있다. 그중에서도 특히 중요한 분야는 디지털 게임 업계이다.

　게임 속 PPL에는 크게 두 가지 유형이 있다. 첫째는 영화나 TV와 마찬가지로, 디지털 게임 속 배경으로 실제 브랜드를 자연스럽게 등장시키는 방식이다. 예를 들어, 플레이스테이션 등의 리얼 바이크 레이싱 시뮬레이션 게임 RIDE5는 브리지스톤과 제휴해, 플레이어가 달리는 레이싱 트랙 곳곳에 브리지스톤 광고가 보이도록 구성되어 있다.

　둘째는 아예 특정 브랜드나 상품의 광고를 목적으로 게임을 제작하는 방식이다. 이렇게 광고를 위해 특별히 기획·제작된 게임을 '애드버게임 advergame'이라고 한다. 애드버게임에서는 브랜드 캐릭터가 주인공으로 등장하거나, 브랜드와 밀접한 세계관 속에서 이야기가 전개된다. 구체적인 예로는 후지TV가 제공하는 '오다이바 랜드' 등이 있다. 특히 최근에는 모바일 게임을 중심으로 애드버게임이 활발히 제작되고 있다. 게임은 몰입도와 상호작용성이 높은 매체이기에, 이 두 가지 방식 모두 브랜드에 대한 깊은 인상을 남길 수 있다는 점에서 광고 전략으로 주목받고 있다.

PPL과 애드버게임

그렇다면 기업이 게임을 활용해 광고를 하고자 할 때, 게임 내 광고와 애드버게임 중 어떤 방식을 선택하는 것이 효과적일까? 사실은 게임의 유형에 따라 그 효과도 달라진다.

예컨대 고가의 게임기를 사용하는 성인 대상 게임은 복잡한 시나리오와 높은 몰입도를 요구하며, 게임 배경도 사실적이고 정교한 경우가 많다. 반면 애드버게임은 대개 단순한 시나리오와 낮은 난이도로 구성되어 있으며, 캐릭터도 실제와는 다르게 귀엽거나 과장된 형태로 표현되는 경우가 많다.

문제는 난이도다. 난이도가 너무 높거나 반대로 지나치게 낮을 경우, 플레이어는 불만을 느낄 수 있다. 자기 능력에 적절한 난이도일 때 가장 긍정적인 감정이 생기며, 그로 인해 광고 효과도 높아질 수 있다. 또한 광고 의도가 너무 노골적으로 드러나면 앞서 언급한 리액턴스 효과가 발생할 수 있다. 성인의 경우, 애드버게임에서 이와 같은 광고 의도를 쉽게 감지하고 거부감을 느낄 가능성이 있다. 반면 어린이는 이러한 상업적 의도에 민감하게 반응하지 않고 순수하게 게임을 즐길 가능성이 크다. 결국 성인을 대상으로 할 경우에는 실제 게임 속에 자연스럽게 삽입된 형태의 PPL 방식이 더 적합하고, 어린이를 대상으로 할 경우에는 애드버게임이 더 효과적일 것이다.

PPL과 애드버게임은 어느 쪽이 더 효과적일까?

고슈 연구팀 Ghosh et al., 2022은 'GATRIOT POWER'라는 에너지 드링크 브랜드와 'CANDY'라는 초콜릿바 가공 브랜드를 만들어, 이를 활용해 게임 내 광고와 애드버게임 두 가지 조건의 게임을 제작하고 그 효과를 비교했다.

사용한 게임은 군인이 되어 적의 영토에서 전투를 벌이는 슈팅 게임이었으며, 게임의 배경, 장면 구성, 음악, 그래픽 품질, 명령어 체계, 적 캐릭터 등 게임 전반의 요소는 가능한 한 동일하게 맞추었다. 그러나 광고 방식은 각각 달리 설정했다.

게임 내 광고PPL 조건에서는 예를 들어 'CANDY BAR' 같은 브랜드명이 화면 중앙과 주변 영역에 배너 형태로 배치되었으며, 해당 브랜드는 게임 플레이에는 직접 관여하지 않았다. 단지 배경에 브랜드가 자연스럽게 노출되는 방식이었다.

반면 애드버게임 조건에서는 브랜드가 게임 진행의 핵심 오브젝트가 되었다. 플레이어의 에너지는 점차 감소하며, 이를 보충하기 위해 브랜드 에너지 드링크인 'GATRIOT POWER'를 마셔야 한다. 이때마다 화면 오른쪽 위에 '가토리엇 파워를 섭취했습니다. 에너지가 보충되었습니다. 체력 포인트가 향상되었습니다.'라는 문구가 명확하게 표시된다. 결과는 그림 4-9처럼 성인에게는 게임 내 광고PPL가, 아동에게는 애드버게임이 더 효과적이라는 사실을 보여주었다.

그림 4-9

애드버 게임과 게임 내 PPL이 상품의 호감도에 미치는 효과

(Ghosh et al., 2022)

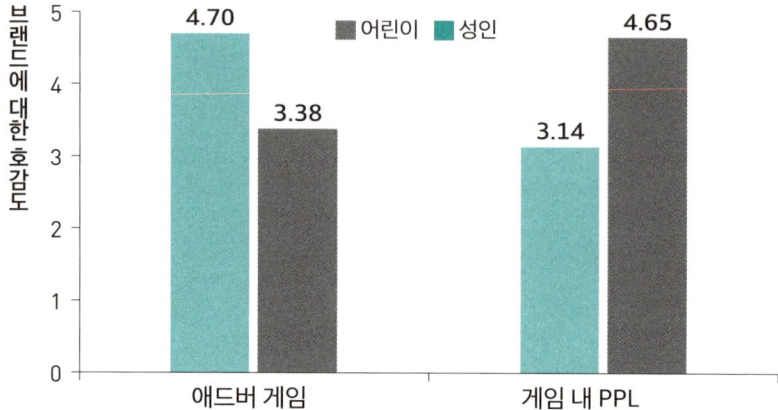

04
섹시한 광고 시대는 끝났는가?

섹슈얼 광고 효과의 메커니즘

섹슈얼 광고란 성적인 메시지를 포함한 광고를 말한다. **섹슈얼 광고가 널리 사용된 첫 번째 이유는 강한 주목 효과 때문이다.** 인간의 누드나 섹슈얼한 자극은 다른 어떤 자극보다도 주의를 끌어들이는 힘이 강하다. 성적인 신호를 빠르게 인지하는 능력은 생존과 번식에 유리하게 작용했을 가능성이 있으며, 이러한 생물학적 특성이 유전적으로 우리에게 남아 있는 것이다.

두 번째 이유는 '감정의 착오 귀속'이라는 심리 효과다. 인간은 감정이 환기될 때, 그 원인이 무엇인지 정확히 파악하지 못하는 경우가 많다. 예를 들어 흔들다리를 함께 건너는 등 위험한 상황에서 느낀 불안과 흥분을 연애 감정으로 착각하는 것을 흔들다리 효과라고 한다. 성적인 자극으로 인해 생기는 각성 상태를 우리가 의도치 않게 상품 자체에 대한 긍정적인 감정으로 착각해 귀속시켜버릴 수 있다는 것이다.

세 번째 이유는 상품 자체가 성적인 콘셉트를 가지고 있는 경우다. 향수, 드레스, 화장품 등은 본래 성적인 매력을 강조하기 위한 상품으로, 이러한 제품을 광고할 때 섹시한 이미지와 메시지를 사용하는 것은 자연스럽고 효과적인 전략이 된다.

이 광고의 타깃은 누구인가?

실제 섹슈얼 광고는 효과가 있을까? 섹슈얼 광고는 긍정적인 반응을 유도하는 한편, 불쾌감이나 반감을 일으킬 가능성도 함께 가지고 있다. 예를 들어 웹사이트에 표시되는 섹슈얼 광고는 많은 사람에게 거부감을 준다. 이는 자극적 이미지에 시선이 자꾸 끌리며 불편함을 느끼기 때문이다. 또한, 감정의 착오 귀속이 반드시 긍정적인 방향으로만 작용하는 것은 아니다. 섹시한 자극으로 인한 교감신경계의 활성 상태를 불쾌감이나 분노로 잘못 해석해버리는 경우, 오히려 상품에 대한 반감이 생길 수 있다.

이 문제에 대해 본격적으로 실증한 연구는 거의 없지만, 일반적인 결론은 다음과 같다. 섹시한 자극에 대해 긍정적인 감정을 갖거나 불쾌함을 느끼지 않는 사람에게는 광고 효과가 있지만, 그렇지 않은 사람에게는 역효과를 초래할 수 있다.

결국 이 광고가 효과를 발휘하기 위해서는 '누구에게 보여줄 것인가'와 '어떤 매체에 실을 것인가'가 매우 중요한 판단 요소가 된다. 이 선택을 잘못하면, 광고는 의도와 정반대의 결과를 낳을 수 있다.

과거 술집의 주된 고객이 퇴근길의 중년 남성이었을 때는 수영복 차림의 여성이 맥주를 들고 있는 포스터가 효과적이었을지도 모른다. 그러나 오늘날에는 그러한 광고가 오히려 반발을 불러올 가능성이 크다.

그림 4-10

항공회사, 여행회사의 오키나와 캠페인의 전형적인 포스터 예

(Velasco et al., 2014)

광고는 더 이상 섹시할 필요가 없다

1980년대, 항공사나 여행사의 여름철 오키나와 투어 광고는 대부분 수영복을 입고 해변에 누운 젊은 여성 모델을 내세운 디자인이었다. 노골적인 성적 메시지가 담긴 것은 아니었지만, 확실히 남성의 시선을 겨냥한 이미지였다. 아름다운 여성 모델은 같은 여성에게도 일종의 동경의 대상이었지만, 광고 전반은 명백히 남성 중심적 시선에서 만들어진 것이었다.

이러한 광고가 만들어진 배경에는 '가족 여행의 최종 결정권은 남편에게 있다'는 착각이 깔려 있었다. 즉, 가족의 재정 권한을 쥔 남편을 성적 자극으로 자극하면 가족 전체가 오키나와로 여행을 가게 될 것이라는 판단이었던 것이다.

하지만 이후 마케팅 조사 결과, 흥미로운 사실이 드러났다. **여름휴가의 가족 여행 목적지를 실제로 정하는 사람은 남편이 아니라 아내나 자녀인 경우가 더 많았던 것이다.** 또한 오키나와 여행은 가족 단위뿐만 아니라 여성끼리 그룹을 이루어 가는 경우도 많았고, 이 경우 해수욕이 아닌 쇼핑이나 맛집 탐방이 주요 목적이었다. 반면 남성들끼리 가는 여행은 상대적으로 드물었다.

이러한 인식의 변화에 따라 1990년대에 접어들면서 수영복 여성 중심의 광고는 점차 줄어들게 되었다. 그 대신 여성과 아이들에게 인기 있는 그룹을 기용하거나, 아이들이 즐겁게 뛰노는 모습을 강조한 광고가 등장했다.

실제 조사 결과에 따르면, 가족 여행의 가장 큰 목적은 아이들이 즐거워하는 모습을 지켜보는 데 있다는 점이 밝혀졌기 때문이다. 또한 여성 소비자를 타깃으로 한 광고에서는 수영복이 아닌 일상복 차림으로 쇼핑이나 맛집 탐방을 즐기는 모습이 강조되며, 이전과는 다른 방향으로 변화해 나갔다.

마케팅 스토리

베컴 섹슈얼 광고의 타깃은 누구?

잉글랜드의 세계적인 축구 선수였던 데이비드 베컴은 그 외모 덕분에 버버리, 브라이틀링 등 다양한 브랜드의 광고 모델로 활약했다. 그중 특히 주목받은 것은 엠포리오 아르마니의 팬티 광고로, 그는 팬티 한 장만 입은 상태로 등장했다. 착용 제품은 남성용 속옷이었지만, 이 광고가 누구를 타깃으로 한 것인지에 대한 논란이 있었다.

영국의 대형 백화점 데베넘즈가 실시한 조사(워럽 Wallop, 2009)에 따르면, 남성은 인생 중 단 17년 동안만 속옷을 직접 구매한다고 한다. 어린 시절에는 어머니가, 중년 이후에는 배우자나 파트너가 구매하기 때문에 실제로 본인이 속옷을 구매하는 시기는 19세에서 36세까지로 한정된다는 것이다. **이 사실은 속옷 업계에서는 이미 널리 알려져 있었고, 남성 속옷 광고의 실제 타깃은 여성이라는 경험적 인식도 존재했다.** 아르마니의 홍보 담당자 역시 이러한 업계의 경험에 충실히 따라 광고를 제작한 셈이다. 이후 베컴은 스웨덴의 패션 브랜드 H&M과도 계약을 맺고 남성 속옷을 포함한 패션 라인의 모델로 활동했으며, 이 광고가 H&M의 매출 상승으로 이어졌다고 전해진다.

섹슈얼 광고의 뱀파이어 효과

섹슈얼 광고에는 강한 주목이 따른다는 장점이 있지만, 그와 동시에 뱀파이어 효과라는 부작용이 발생할 수 있다. 이는 연예인 광고에서 나타나는 현상과 유사한데, **성적 자극이 너무 강해 시청자의 시선이 광고의 핵심인 상품이 아니라 자극적인 요소에만 머물러, 정작 상품은 기억에 남지 않게 되는 현상을 말한다.**

이와 관련해 부시먼Bushman, 2005은 섹슈얼 광고의 효과에 대한 흥미로운 실험 결과를 발표했다. 아이오와주에 사는 일반 시민들이 실험에 참가했으며, 참가자들은 무작위로 두 집단으로 나뉘었다. 한쪽은 동물들이 나오는 중립적인 프로그램을, 다른 쪽은 성적 자극이 많은 프로그램을 시청했다. 프로그램 도중에는 각기 4개의 광고가 포함된 3회의 광고 타임이 있어, 총 12개의 30초짜리 광고가 삽입되었다.

시청이 끝난 후, 참가자들에게 자신이 본 프로그램의 성적 자극을 10점 만점으로 평가하게 한 결과, 섹시 프로그램 그룹은 평균 3.6점, 통제 프로그램 그룹은 1.05점을 기록했다. 이어서 참가자들은 본 광고에 대한 기억력을 확인하는 재생 및 브랜드 인식(재인) 테스트를 받았다. 그다음 단계에서는 상품 선호도 조사를 실시했다. 각 광고에 등장한 12개의 상품마다, 같은 카테고리의 비등장 상품 3개씩을 포함한 리스트가 주어졌고, 참가자는 가장 갖고 싶은 상품에 체크했다. 또 다른 과제로, 광고에 등장한 상품 12개와 등장하지 않은 상품 28개가 섞인 리스트에서 '10개의 상품을 고르면 그에 해당하는 할인 쿠

통제 프로그램과 성적 자극 프로그램에서의 CF 효과 비교

(Bushman, 2005)

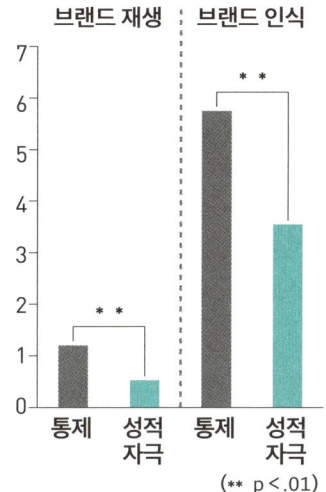

(a) CF 기억력

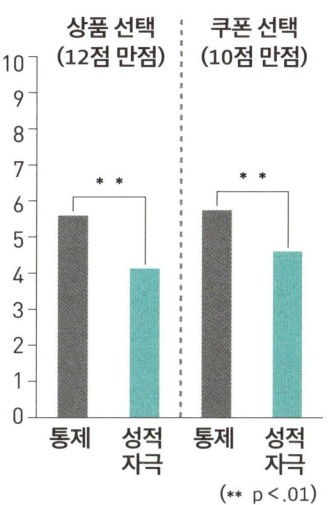

(b) CF 브랜드의 구매 의사

폰을 준다'는 조건 아래 상품을 선택하게 했다(CF 등장 상품을 선택한 경우 1점, 총점 10점). 결과는 그림 4-11에 나와 있다. 놀랍게도 섹시한 프로그램을 본 그룹은 광고에 등장한 상품을 기억하는 정도도 낮았고, 해당 상품에 대한 구매 의사 역시 통제군보다 낮게 나타났다.

이는 성적 자극이 광고 메시지보다 앞서게 될 경우, 오히려 상품에 대한 인식과 구매 의사를 방해할 수 있다는 점을 명확히 보여준다. 즉, 섹슈얼 광고가 항상 효과적인 것은 아니며, 타깃과 맥락을 잘못 설정할 경우 오히려 역효과를 가져올 수 있다는 사실을 보여준다.

섹슈얼 광고의 사회적 문제

이처럼 섹슈얼 광고는 효과가 미묘하고 타깃을 잘못 설정하면 오히려 역효과를 가져올 수 있다는 특징이 있다. 게다가 최근에는 광고 대행사나 기업 홍보팀에서도 섹슈얼 광고의 활용에 신중한 태도를 보이고 있다. 이는 사회적 비판이 뒤따를 가능성이 크기 때문이다. 섹시 광고는 자칫 성적 고정관념을 강화하거나 외모 중심의 메시지(루키즘)를 전달하기 쉬우며, 성적 다양성이 존중되는 오늘날의 사회 분위기 속에서는 이런 메시지가 환영받지 못할 뿐 아니라 강한 반발을 일으킬 수 있기 때문이다.

05
개인화 광고의 발전 가능성

영화 '마이너리티 리포트'로 보는 미래의 광고

톰 크루즈 주연의 영화 '마이너리티 리포트'에서는 2054년 미래의 광고가 등장한다. 디지털 전광판이 길을 걷는 사람을 스캔해 개인을 식별하고, 그 사람의 이름을 부르며 광고를 송출하는 방식이다. 이런 사회는 마치 악몽처럼 느껴지지만, 기술적으로는 전혀 불가능한 일도 아니다. 망막이나 홍채를 통한 개인 식별은 이론적으로 가능하고, 필요한 것은 공공장소에서 스캔할 수 있는 기술과 개인정보 접근뿐이다.

그리고 심리학적으로도 이 방식은 효과가 있을 가능성이 높다. 우리가 소음이 가득한 환경 속에서도 내 이름이 들리면 자동적으로 반응하지 않는가? 이를 '칵테일 파티 효과'라고 한다. 따라서 광고에서 이름을 불러주는 행위만으로도 소비자의 주의를 끌 수 있다.

우리는 '당신을 위해서'에 약하다

우리는 '당신을 위해서 특별히 준비한'이라는 메시지에 유독 약하다는 사실이 알려져 있다. 아무리 의도와 속내가 뻔히 보이는 형식적인 말이라도, 이런 표현은 주의를 끌고 설득력을 높이는 효과가 있다. 이와 같은 효과를 활용한 상품 중 하나가 이름이 적힌 키홀더이다. 대중적인 이름을 미리 적어둔 키홀더는 제품 자체는 특별하지 않지만, 내 이름이 쓰여 있다는 이유만으로 사고 싶어진다.

물론 모든 사람의 이름을 다 준비하는 것은 현실적으로 어렵기 때문에, 이를 대신해 'A형 전용 연필'이나 '물병자리 전용 노트'처럼 혈액형이나 별자리로 타깃을 좁힌 제품도 유사한 효과를 낳는다. **이런 방식은 소규모 기획 상품에 주로 쓰이는 전략이라 대기업에서는 활용되지 않을 것 같지만, 코카콜라는 실제로 이 전략을 대규모 캠페인에 도입해 성공을 거둔 바 있다.**

마케팅 스토리

코카콜라의 개인화 광고 전략

　코카콜라는 2011년부터 'Share a Coke'라는 캠페인을 시작했다. 이 캠페인에서는 병이나 캔의 로고에서 'Coke'라는 브랜드명을 빼고, 각국에서 가장 인기 있는 이름 250가지를 라벨에 인쇄한 제품을 발매했다. 예를 들어 'Jessica'나 'Emily' 같은 이름이 표기된 콜라 병이다.

　이 캠페인은 호주에서 처음 시작되어, 이후 전 세계 80개국으로 확산되었다. 그리고 코카콜라 역사상 최대 규모의 판매 캠페인이 되었으며, 미국에서는 하락세였던 매출을 2.5%나 끌어올리는 성과를 거두었다.

　이 전략이 효과를 거둔 이유는 크게 두 가지다. 첫째, 소비자가 해당 제품이 자신을 위해 특별히 설계되었다고 느낄 때 생기는 '개인화 효과'가 작용했고, 둘째, 다른 사람이 갖고 있지 않은 것을 소유하고 싶어 하는 '스노브 효과'도 함께 나타났기 때문이다.

　이름이 인쇄된 콜라 병은 SNS를 통해 빠르게 확산되었고, 소비자들은 자신의 이름이 적힌 병을 찾기 위해 매장을 찾았으며, 발견하면 구매하거나 친구나 가족의 이름을 찾아 선물하는 등 다양한 소비 행동으로 이어졌다. 가족 모두의 이름이 들어간 콜라를 나란히 진열하는 등의 놀이 요소도 생겨났다.

　또한 흥미롭게도, 라벨에 자신의 이름이 없었던 사람들조차 이 캠페인에서 긍정적인 반응을 보였다. 희귀한 이름을 가진 이들은 '자신의 이름이 흔치 않다'는 사실을 다시 한번 인식하며 만족감을 느꼈기 때문이다. 이러한 일련의 소비 경험을 유도한 전략을 '체험 창조 Experience Marketing'라고 부른다.

아무도 갖고 있지 않은 것이 무기다

'아무도 갖고 있지 않은 것'은 개인의 개성을 자극해, 스노브 효과를 통해 상품의 매력을 높이는 경우가 있다. 길거리에서 이벤트 스태프용 티셔츠를 입고 다니는 사람을 볼 수 있는데, 이것 역시 그 옷이 희귀하다는 점을 이용해 자신의 개성을 표현하는 예다. 실제로 '아무도 갖고 있지 않은' 것이 계기가 되어 갑자기 인기를 얻은 사례도 존재한다. 대표적인 예가 허시파피 Hush Puppies 구두다. 허시파피는 1958년 설립된 캐주얼 슈즈 브랜드로, 한때 인기를 끌었지만 시간이 흐르며 점점 매출이 줄어들어 1994년에는 연간 판매량이 고작 3만 켤레에 불과했고, 회사는 존립 위기에 놓였다. 하지만 다음 해, 갑자기 허시파피 붐이 일었다. 뉴욕 맨해튼의 일부 클럽에서 젊은이들이 '아무도 신지 않는 멋진 브랜드'라는 이유로 허시파피를 신기 시작한 것이 계기였다. 그리고 1996년에는 무려 160만 켤레가 판매되며 대히트를 기록했다.

이처럼 **어떤 계기를 통해 상품이 갑자기 퍼져나가는 현상을 미국의 저널리스트 말콤 글래드웰** Malcolm Gladwell**의 저서에서 따와 '티핑 포인트** Tipping Point**'라고 부른다.** 이는 '어떤 아이디어나 유행이 특정 지점을 넘어서면서 갑자기 확산되기 시작하는 현상'을 뜻한다. 이후 유행에 따라가는 소비자들의 구매는 '밴드웨건 효과'에 의한 것이다.

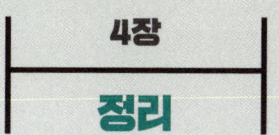

4장
정리

- **비교 광고**는 경쟁 상품이나 브랜드와 직접 비교해 자사의 우수성을 강조하는 방식이지만, 타사에 대한 '뒷담화'로 인식되어 부정적인 반응을 유발할 수 있다.

- **연예인 광고**는 아이돌, 배우, 운동선수 등 유명인을 활용한 광고로, 적절한 연예인 선정이 핵심이다. 잘 활용하면 상품 이미지 향상이나 포지셔닝 전략에 효과적이다.

- **PPL**은 영화, 드라마, 게임 등 콘텐츠 안에 상품이나 브랜드를 자연스럽게 등장시켜 홍보하는 방식이다. 다만 노골적인 광고 의도가 드러날 경우, 소비자의 반감을 사는 리액턴스 효과를 유발할 수 있으므로 주의가 필요하다.

- **섹시 광고**는 성적인 자극으로 시청자의 주의를 끌어내는 광고다. 주목 효과는 뛰어나지만 타깃 선정이 까다롭고, 루키즘이나 성적 고정관념을 조장한다는 이유로 사회적 비판을 받을 위험이 있다.

- **개인화 광고**는 '당신만을 위한' 맞춤형 메시지를 통해 소비자에게 친밀감을 전달하는 광고다. 효과는 높지만, 프라이버시 침해 가능성과 함께 적절한 활용 방식에 대한 주의가 요구된다.

쇼핑 방식에는 사람마다 뚜렷한 개인차가 있다. 어떤 사람은 충동적으로 물건을 사고 후회하는가 하면, 또 어떤 사람은 오래 망설이다 결국 아무것도 사지 못한다. 수집 욕구가 강해 다양한 물건을 모으는 데 큰돈을 쓰는 사람이 있는가 하면, 오직 기능성만을 기준으로 구매 결정을 내리는 사람도 있다. 또는 타인의 시선을 의식해 멋져 보이는지를 기준으로 상품을 고르기도 한다.

이렇듯 소비행동의 개별적인 차이는 왜 생기는 걸까? 각 유형은 어떤 심리적 특성을 가지고 있으며, 실제 소비에서는 어떤 형태로 나타날까? 그리고 기업은 이런 다양한 소비자들에게 어떻게 접근해야 할까? 이 장에서는 개인별 심리척도에 대해 알고, 소비 유형별 특성을 파악해 그에 따른 전략을 함께 고찰해보자.

이 장에 나오는 CHECK 내 자료는 2022년, 20대에서 50대 이상의 4개 연령대별로 각각 남녀 100명, 총 800명을 대상으로 조사를 실시했다.

최고를 추구하는 사람은 행복할까?

- 소비 행동과 심리학

01
라이프스타일은 곧 소비가 된다

소령화 사회의 소비자 세분화 전략

상품을 기획하고 개발하며 판매 전략을 세울 때, 기업은 먼저 소비자 집단을 몇 가지 기준에 따라 나누는 작업을 한다. 이를 '세그멘테이션', 즉 '소비자를 성향이나 특성에 따라 분류하는 과정', 세분화라고 한다. 그다음으로는 어떤 집단을 주요 고객으로 삼을지를 결정하는 '타깃팅'을 통해, 전형적인 소비자상인 '페르소나'를 설정하고, 이에 맞춘 홍보 및 판매 전략을 수립한다.

세분화와 타깃팅에서 가장 기본이 되는 기준은 성별과 연령이다. 예를 들어 '40대 남성용 자동차' '젊은 여성용 블라우스'처럼 성별이나 연령, 직업, 거주지역, 연수입 등을 바탕으로 소비자를 나누는 방식을 '데모그래픽 속성'에 따른 분류라고 한다. 이 방식은 이러한 속

> 그림 5-1

데모그래픽 속성에 따른 차이 감소 경향

(하쿠호도 생활 종합 연구소, 2023)

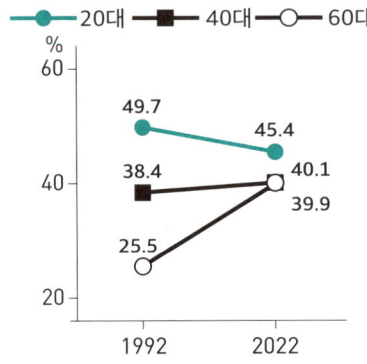

(a) 미래를 대비하기보다 현재를 즐기고 싶다

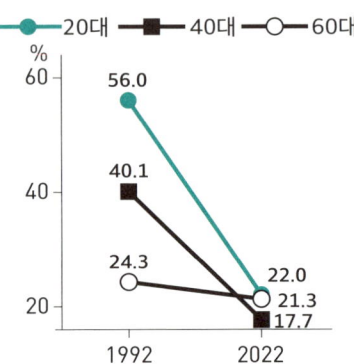

(b) 초능력을 믿는다

성에 따라 사람들의 취향과 소비 행동이 달라진다는 전제를 전제로 한다. 하지만 **최근 들어 이 같은 데모그래픽 기준만으로는 소비자의 행동을 제대로 설명하기 어려워지고 있다.**

실제로 새로운 스포츠나 취미를 시작하는 중장년층, 80년대 음악을 즐기는 젊은 세대, 퇴근 후 신바시 가드 아래에서 맥주를 마시는 청년들처럼, 세대 구분이 흐려지고 있는 현실을 반영한다.

하쿠호도 생활종합연구소는 이러한 현상을 '소령화 사회' 혹은 '삶의 탈데모그라'라고 이름 붙였는데, 이는 전통적인 기준인 나이, 성별, 지역 등만으로는 사람들의 가치관과 소비 행동을 구분하기 어려워진 사회를 뜻한다.

데모그래픽 특성에서 사이코그래픽 특성으로

이처럼 데모그래픽 특성을 넘어서 사람들이 다양한 라이프스타일을 갖게 되면서, 소비에 있어서의 세분화나 타깃 설정도 기존 방식만으로는 대응하기 어려워졌다. 따라서 라이프스타일의 차이나 개인적 성향의 차이에 주목하는 방식이 오히려 유용하다고 할 수 있다. 이러한 심리적인 측면에서의 개인차를 '사이코그래픽 특성'이라고 부른다.

하지만 사이코그래픽 특성은 겉으로 드러나지 않는다는 점에서 다루기 어렵다. 예를 들어 '에코 지향'(자연보호나 에너지 절약에 호의적인 생활방식)에 대해 생각해보면, 에코 상품에 끌리는 사람이 얼마나 있는지, 또는 그 강도는 어떤 분포를 보이는지, 성별이나 연령 같은 데모그래픽 특성과 어떤 관계가 있는지 등은 겉보기만으로는 판단할 수 없다. **이런 문제를 분석하기 위해서는, 에코 지향 성향을 측정할 수 있는 기준이 필요하며, 이를 바탕으로 많은 사람을 대상으로 조사하고 분석하는 절차가 필요하다.**

여기서 말하는 '기준'이 바로 심리척도다. 심리척도란 간단히 말해 설문지 형식으로 여러 사람에게 질문을 던지고, 그 응답을 점수화하여 분석하는 도구이다. 예를 들어 '재활용을 실천하고 있는가' '환경 보호 활동에 참여하고 싶은가' 같은 질문에 '매우 그렇다'부터 '전혀 그렇지 않다'까지 선택하게 하여 점수를 부여하고, 이 점수 분포를 데모그래픽 특성별로 비교 분석하는 방식이다.

다만 주의해야 할 점은, 단순히 질문을 만든다고 해서 유효한 척도가 되는 것은 아니라는 것이다. 예비조사를 통해 데이터를 수집하고, 질문 항목의 일관성과 분포를 통계적으로 분석하며, 실제로 이 척도로 측정된 수치가 우리가 알고 싶은 행동 특성을 제대로 반영하고 있는지를 검증해야만 비로소 신뢰할 수 있는 척도가 완성된다. 이 과정은 마케팅 리서처의 역량이 크게 작용하는 부분이기도 하다.

이번 장에서는 '현시적 소비 경향'과 '미니멀리스트 경향'이라는 대표적인 사이코그래픽 특성에 초점을 맞추어, 검증된 심리척도를 바탕으로 각각의 소비 경향이 어떤 특성을 보이는지를 살펴볼 것이다. 더불어 독자 여러분도 자신의 소비 성향을 간단한 방법으로 직접 확인해볼 수 있을 것이다.

Tip ❶

편차치란 무엇인가?

편차치라는 단어는 어떤 집단 속에서 자신이 어느 위치에 있는지를 나타내는 통계적 지표로 알려져 있다.

자신의 점수가 집단의 평균과 같다면 편차치는 50이 되고, 이보다 높은 수치는 상위권, 낮은 수치는 하위권을 의미한다. 물론 집단이 바뀌면 평균과 표준 편차도 달라질 수 있다.

편차치의 장점은, 이 수치 하나만으로도 자신이 어떤 집단에서 어느 정도 위치에 있는지를 쉽게 파악할 수 있다는 점이다. 편차치와 집단 내 위치의 관계는 미리 계산된 표로 정리되어 있으며, 아래 표 5-1이다.

표 5-1

편차치와 상위 몇 % 위치에 있는지의 관련

편차치	상위 %
80	0.1%
70	2.2%
65	6.7%
60	15.9%
55	30.9%
50	50.0%
45	69.2%
40	84.1%
35	93.3%
30	97.7%
20	99.9%

02
카시오 대신 롤렉스를 사는 심리

고급 손목시계라는 현시적 소비

고급 손목시계라고 하면 어떤 브랜드가 떠오르는가? 아마 많은 이들이 고급 시계의 대명사로 '롤렉스'를 떠올릴 것이다. 그런데 손목시계란 본래 무엇을 위한 물건일까? 말할 것도 없이 정확한 시간을 확인하기 위한 도구다. 그렇다면 롤렉스는 시계로서 굉장히 정밀할까?

사실은 그렇지 않다. **정밀도 측면에서 보면, GPS 전파 수신 기능이 탑재된 일본제 CASIO 시계가 오히려 세계 최고 수준일 것이다. 이에 비하면 롤렉스의 정확도는 한참 떨어진다.** 게다가 롤렉스는 자동 감기 방식이어서 평소에 손목에 차고 있지 않으면 멈추고, 월말에는 날짜를 다시 맞춰야 한다. 몇 년에 한 번은 분해 청소(오버홀)를 맡겨야 하고, 비용도 10만 엔이 넘는다. 물론 높은 곳에서 떨어뜨리면 고장 날 수 있다. 반면, CASIO의 전파 솔라 시계는 햇빛만 있으면 항상 정확하게 작동하고, 해외로 가도 자동으로 시간을 맞춘다. 오버홀도 필요 없고, G-SHOCK 시리즈라면 4층 높이에서 콘크리트 바닥에 떨어뜨려도 멀쩡하다. 이렇게 기능성만 본다면 CASIO가 훨씬 뛰어나다.

그럼에도 불구하고, 왜 CASIO보다 훨씬 비싼 롤렉스를 사는 걸까? **그 가장 큰 이유는 '프레스티지(스테이터스)'라고 불리는 브랜드 가치 때문이다.** 롤렉스를 차고 있는 사람을 보면, 우리는 자연스럽게 '이 사람은 부자구나'라고 생각한다. 즉, 자신이 경제적으로 여유가 있다는 사실을 주변에 과시할 수 있는 것이다. 이처럼 실용성보다 '다른 사람의 선망'이나 '주목'을 목적으로 이루어지는 소비를 현시적 소비(상품의 실용성이나 필요성보다, 그것을 통해 주변 사람들의 시선이나 부러움을 끌어내는 데 목적을 두는 소비 행동)라고 한다.

CHECK ❶ 현시적 소비 척도

다음 항목들을 읽고, 각 문장이 자신에게 얼마나 해당하는지를 1점부터 7점까지 선택하라. 모든 항목에 응답한 후, 점수를 합산하여 총점을 계산해보자.

		매우 그렇다	그렇다	약간 그렇다	보통이다	별로 그렇지 않다	그렇지 않다	전혀 그렇지 않다
❶	브랜드 제품을 갖고 싶다고 생각한다.	7	6	5	4	3	2	1
❷	물건을 살 때, 다른 사람에게 어떻게 보일지를 상상하며 선택한다.	7	6	5	4	3	2	1
❸	자신의 사회적 지위가 높아 보일 수 있는 물건을 사고 싶다.	7	6	5	4	3	2	1
❹	내가 가진 고급 제품을 자연스럽게 다른 사람에게 보여주고 싶다.	7	6	5	4	3	2	1
❺	입거나 지니는 것은 될 수 있으면 고급스러운 것으로 하고 싶다.	7	6	5	4	3	2	1
❻	무리를 해서라도 고급 제품을 살 때가 있다.	7	6	5	4	3	2	1
❼	타인이 착용한 물건을 보고 그 사람의 가치를 판단하게 된다.	7	6	5	4	3	2	1
❽	사람들의 시선을 끌 수 있는 물건을 착용하고 싶다.	7	6	5	4	3	2	1
❾	물건을 살 때, 예산을 조금 초과해서 구매하는 경우가 많다.	7	6	5	4	3	2	1
❿	모두가 가진 것보다 더 나은 것을 갖고 싶다.	7	6	5	4	3	2	1

합계 점수 = ☐ 점

해설과 편차치 산출

표 5-2

성별·연령층별의 현시적 소비경향의 평균치와 표준 편차

카테고리	남성		여성		전체	
	평균치	표준 편차	평균치	표준 편차	평균치	표준 편차
20대	28.62	12.37	29.49	9.95	29.05	11.21
30대	28.81	11.98	28.54	11.88	28.68	11.90
40대	28.03	10.51	29.99	8.79	29.01	9.71
50대 이상	27.25	9.52	27.61	9.09	27.43	9.29
합계	28.18	11.13	28.91	10.00	28.54	10.58

성별, 연령층별 평균치와 표준 편차를 표 5-2에 나타냈다. 현시적 소비에 특히 현저한 성차와 연령층별 차이는 보이지 않았다.

다음으로 당신의 현시적 소비의 편차치를 산출해보자. 이것에는 당산의 득점과 편차치를 산출하는 집단의 평균치와 표준 편차가 필요하다. 표준 편차란 데이터의 편차를 나타내는 숫자다.

$$편차치 = \frac{득점 - 평균점}{표준\ 편차} \times 10 + 50$$

만약, 당신이 모든 사람 중에서 자신의 편차치를 알고 싶으면 편차치를 산출하는 식은 다음과 같다.

$$\frac{(당신의\ 득점) - 28.54}{10.58} \times 10 + 50$$

당신의 현시적 소비 점수   당신의 현시적 소비 편차치

□ 점   □

경제적 지위를 비추는 위장 소비

'현시적 소비'라는 개념을 처음 제시한 사람은 미국의 경제학자 베블런이다. 그는 주로 그 당시 상류계층 사이에서 일어나는, 타인에게 보여주기 위한 소비 형태를 지칭하며 이 용어를 사용했다(베블런 Veblen, 1899).

물론 오늘날에도 일반적으로는 소득이 높은 사람일수록 현시적 소비 경향이 강하다. 하지만 최근에는 전체적인 소득 수준이 상승하고, 중고품 시장이나 할부 시스템이 보편화되면서 상류층이 아니더라도 고급 브랜드 제품을 구매할 수 있게 되었다. 실제로는 생계를 꾸리기도 빠듯한 사람이 무리해서 럭셔리 브랜드를 구입하는 일도 드물지 않다.

이처럼 실제 경제적 지위는 높지 않지만 겉으로는 높은 것처럼 보이게 하는 소비를 '위장(미믹) 소비'라고 한다. 3장에서 언급했듯이, 브랜드 측에서는 이러한 '위장 소비자'에게 자사 제품이 소비되지 않도록 유통망을 엄격히 관리하거나, 병행 수입·중고 시장과 같은 정규 루트 외 거래를 제한하려 노력하기도 한다.

위장 소비를 하는 사람들에게 중요한 것은 '남이 봤을 때 그것이 고급상품이라는 걸 알아볼 수 있어야 한다'는 점이다. 그래서 고급상품의 대명사처럼 통용되는 특정 브랜드에 수요가 집중된다. 예를 들면 시계라면 롤렉스, 자동차라면 벤츠나 BMW가 대표적이다.

그렇다면, 굳이 생활을 희생하면서까지 위장을 해야 할 이유가 있을까? 다양한 연구들은 이에 대해 '의미가 있다'는 결과를 보여준다. 고급 브랜드 제품을 착용하는 것만으로도 타인에게 더 정중한 대우를 받을 가능성이 높아지고, 자존감이 높아지는 것은 물론 자신이 더 가치 있는 사람처럼 느껴지며 이성에게도 호감을 얻게 된다는 결과도 있다.

> **연구 결과**
>
> **고급 제품을 갖고 있으면 정말로 이성에게 인기가 많아질까?**
>
> 단과 사얼 Dunn & Searle, 2010은 고급차를 타는 것, 즉 현시적 소비가 실제로 이성에게 인기를 높이는 데 효과가 있는지를 실험적으로 검토했다. 그들은 사회적 지위의 상징으로 여겨지는 고급차(실버 색상의 벤틀리 컨티넨탈 GT)와 대중적인 자동차(붉은색 포드 피에스타 ST)에 남성과 여성이 각각 탑승한 사진을 준비했다. 모델의 외모는 동일한 인물로 맞췄으며, 실험 참가자에게 이 사진들을 보여주고 10단계로 매력도를 평가하게 했다.
>
> 실험에 참여한 이들은 웨일스 지역의 쇼핑 거리에서 만난 21세에서 40세 사이의 일반 남녀와 웨일스 대학의 대학생들이었다. 남성 참가자는 여성 모델의 매력도를, 여성 참가자는 남성 모델의 매력도를 평가했다. 그 결과, 남성 참가자가 여성을 평가할 때는 탑승 차량의 종류가 전혀 영향을 미치지 않았다. 반면, 여성 참가자가 남성을 평가할 경우에는 차의 종류가 매력도에 유의미한 영향을 미쳤으며, 고급차에 타고 있는 남성이 더 높은 매력도로 평가되었다.
>
> 결혼정보회사나 소개팅 사이트 등에서 남성이 재력 어필을 하는 사례가 적지 않은데, 적어도 이 실험 결과는 현시적 소비가 남성의 경우에는 실제로 이성에게 어필하는 데 도움이 될 가능성이 크다는 사실을 보여준다.

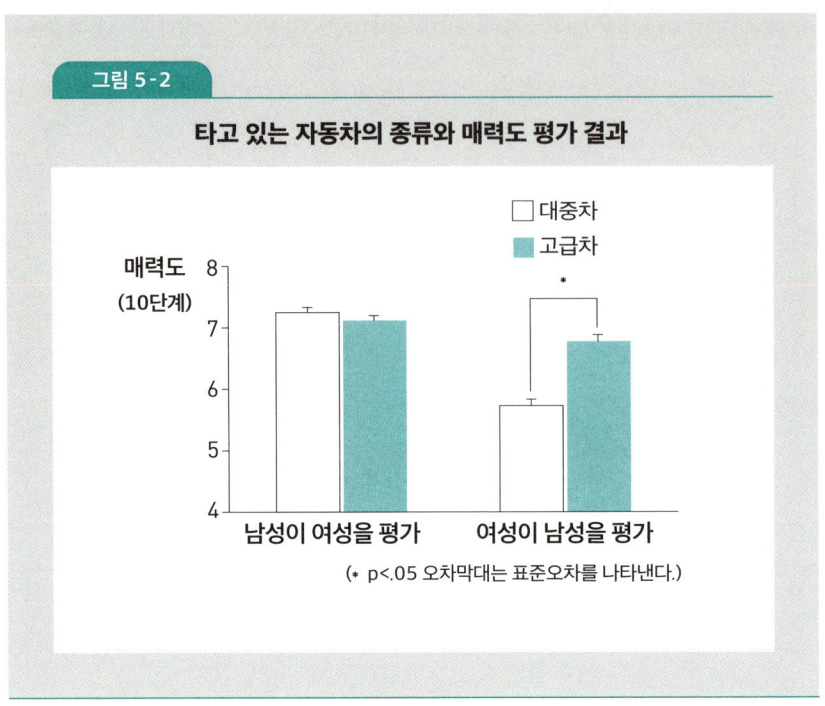

그림 5-2

타고 있는 자동차의 종류와 매력도 평가 결과

(* p<.05 오차막대는 표준오차를 나타낸다.)

빚이 많아지면 브랜드 제품이 갖고 싶어진다

소비자 중에는 실제로는 경제적으로 매우 힘든 상황임에도 불구하고, 고급 브랜드 제품을 계속해서 구매하는 경우가 종종 있다. 도대체 왜 이런 행동이 나타나는 걸까?

이에 대해 왕 연구팀 Wang et al., 2020은 그들은 경제적으로 어려운 상황에 처하게 되면, 이를 보완하거나 회피하려는 심리에서, 오히려 더욱 현시적 소비를 하게 된다는 것이다. 또한 럭셔리 제품을 소지함으로써, 잠시나마 자신의 어려운 현실을 잊을 수 있다는 심리적 보상도 영향을 미친다. 물론 이러한 소비 패턴은 시간이 지날수록 빚이 눈덩이처럼 불어나게 되므로 결코 바람직하지 않지만, 실제로 많은 이들이 이 같은 악순환에 빠지는 것이 현실이다.

남이 갖고 있지 않은 것에 가치를 두는 현시적 소비

그런데 실제로 럭셔리 브랜드 제품을 구매하는 사람들을 자세히 살펴보면, 모두가 사회적 지위를 과시하려는 목적만으로 소비하는 것은 아니라는 점을 알 수 있다. 예를 들어 파텍필립 시계는 롤렉스보다 훨씬 고급 제품이지만, 겉보기에는 특별히 화려하거나 고급스러워 보이지 않는다. 게다가 이것이 고급 시계라는 사실을 아는 사람도 많지 않기 때문에, 과시용으로 활용하기는 어렵다. 그렇다면 왜 이들은 굳이 이런 제품을 선택하는 걸까?

하나는 앞서 말했듯이 '경제력이 있다'는 사실을 드러내기 위한 과시형 소비자이고, 다른 하나는 자기 개성을 표현하기 위해 고급 브랜드 제품을 선택하는 소비자이다. 이들은 제품이 비싸기 때문에 사는 것이 아니라, 오히려 대중적이지 않고 남들이 잘 갖고 있지 않기 때문에 구매하는 것이다.

나르시시즘과 현시적 소비의 관계

이 두 가지 현시적 소비 유형은 '나르시시즘(자기애)'과 깊은 관련이 있다. 첫 번째 유형은 '나는 사회적 지위를 가진 사람이니, 존경받아 마땅하다'라는 자기주장을 주요 동기로 하는 사람들이다. 이러한 동기 뒤에는 사회적 인정에 대한 불안이 자리하고 있으며, 이 유형은 취약형 나르시시스트 혹은 숨겨진 나르시시스트 유형이라고 불린다. 이는 일종의 상류 계층으로의 밴드웨건 효과라고 할 수 있다.

두 번째 유형은 '나는 남들과는 다른 특별한 존재'라는 자기 인식에서 비롯되며, 자신의 개성을 표현하는 데 소비의 목적을 두는 사람들이다. 이들은 장대한 나르시시스트 혹은 현성顯性 나르시시스트 유형이라고 불린다(니브 연구팀 Neev et al., 2020 / 장 연구팀 Jiang et al., 2022).

취약형 나르시시스트와 과대형 나르시시스트

강과 박 Kang & Park, 2016 은 취약형 나르시시스트와 과대형 나르시시스트의 소비 행동 차이를 분석했다. 연구에 따르면, 취약형 나르시시스트는 기본적으로 질보다는 양을 중시하고, 구매 주기가 짧으며 브랜드 충성도가 낮고, 모조품을 구매하는 데도 큰 저항이 없는 경향이 있다. 반면 과대형 나르시시스트는 양보다는 질을 중시하고, 제품 하나하나를 신중히 고려해 구매하며, 구매 주기가 길고 유행보다는 클래식하고 스탠다드한 제품을 선호한다. 또한 브랜드 충성도가 높고, 모

표 5-3

나르시시스트의 유형에 따른 소비 행동

(Kang & Park, 2016)

유형	동기	이론	소비행동
취약형 나르시시스트	상류계급의 동료로 보이길 바람. 자랑하고 싶음.	밴드웨건 효과	• 질보다도 양. • 구매 사이클이 빠름. • 라우드 럭셔리를 좋아함. • 브랜드 충성도 낮음. • 모조품을 살 때도 있음. • 구매할 수 있다면 인터넷이나 중고가게든 상관없음. • 싸게 구할 수 있다면 더할나위 없음.
과대형 나르시시스트	남에게 없는 유니크한 것을 원함.	스놉 효과	• 양보다도 질. • 구매 사이클이 늦음. • 콰이어트 럭셔리를 구매하기 쉬움. • 브랜드 충성도는 높음. • 모조품은 구매 하지 않음. • 정식 루트, 정품 가게, 정가로 구입.

조품은 피하며 정식 판매 루트를 통해 정품을 구매하는 특징이 있다.

브랜드 선호에서도 과대형 나르시시스트는 부자들 사이에서 널리 알려진 인기 브랜드보다는 보다 개성 있고 '아는 사람만 아는' 브랜드를 선호하는 경향이 있다. 시계로 치면 롤렉스나 오메가보다는 오드마 피게나 블랑팡을, 자동차로는 벤츠나 BMW보다는 재규어나 벤틀리 같은 브랜드를 선호하는 식이다.

럭셔리 제품 라인업에는 '라우드 럭셔리 loud luxury'와 '콰이어트 럭셔리 quiet luxury'로 불리는 두 가지 유형이 있다. 라우드 럭셔리는 브랜드의 로고나 마크가 눈에 띄게 배치된 제품을 말하며, 반대로 콰이어트 럭셔리는 로고나 마크가 있어도 거의 눈에 띄지 않는 제품이다. **당연히 취약형 나르시시스트는 라우드 럭셔리를 선호하고, 과대형 나르시시스트는 콰이어트 럭셔리를 선호하는 경향이 있다.**

Tip ❷

밴드웨건 효과(편승 효과)와 스놉 효과

미국의 경제학자 라이벤슈타인 Leibenstein, 1950은 기존의 거시경제학 이론만으로는 설명하기 어려운 인간 행동을 경제학적으로 분석했다. 이는 후에 행동경제학으로 이어지는 흐름 중 하나다.

그중 하나가 밴드웨건 효과, 즉 편승 효과다. 이는 어떤 상품을 다수가 선택하고 있다는 사실 자체가 그 상품의 매력을 더 높이고, 더 많은 사람이 선택하게 만드는 현상을 말한다. 예를 들어 현시적 소비에서는 취약형 나르시시스트가 상류 계층이 사용하는 브랜드를 보고 '나도 같은 걸 써서 그들과 동류가 되어야지'라는 생각을 하며, 그 브랜드의 가치가 더욱 높아진다고 느끼는 것이 해당된다.

반대로 어떤 선택지를 고른 사람이 적을수록 오히려 그 선택의 매력이 높아지는 경우를 스놉 효과 snob effect라고 한다. 예를 들어, 모두가 타는 대중차보다 소수만 타는 고급차나 개성적인 차가 더 매력적으로 느껴지는 경우가 그렇다. 이러한 스놉 효과는 과대형 나르시시스트와 관련이 깊다.

> **연구 결과**

루이비통이 주는 심리적 특권의식

3장에서 소개한 '브랜드의 자기표현 기능'에 따르면, 우리는 루이비통 백이나 프라다 수트 같은 럭셔리 제품을 착용함으로써 마음가짐이 달라지고 자신감이 생길 수 있다. 하지만 최근 고어 연구팀 Gore et al., 2020은 이와 정반대의 효과가 나타날 가능성도 있다는 점을 밝혀냈다. 이는 '나는 이런 고급상품을 가질 자격이 없다'는 느낌, 다시 말해 제품을 사용하는 데서 오는 불편함이나 자신감 상실, 혹은 스스로를 사기꾼처럼 느끼는 심리 상태를 말한다.

고어 팀은 이 효과를 다양한 상황에서 실험을 통해 검증했다. 예를 들어, 메트로폴리탄 오페라 극장을 방문한 관객에게 이렇게 물었다. "블루밍데일스(미국의 유명 백화점)에서 오페라에 입고 갈 옷을 고르고 있다고 상상해 보세요. 두 벌의 옷이 마음에 들었습니다. 어느 쪽을 입었을 때 주변에서 더 주목받고 정중한 대접을 받을 것 같습니까?" 그리고 "어느 옷을 입었을 때 더 '진짜 나답다'고 느끼십니까?"라고 질문했다. 그 결과, 대부분의 사람은 럭셔리한 옷을 입은 쪽이 더 주목받고 대접받을 것이라고 답했지만, 정작 그럴 때는 자신답지 않다고 느낀다는 사실도 함께 드러났다.

심리적 특권의식이란 '나는 특별한 존재이며 타인에게 존중받아 마땅하다'고 믿는 성향을 말한다. 이런 사람들은 럭셔리 브랜드 제품을 사용하는 데 거리낌이 없다. 또한 고어 팀은 이 성향을 행동을 통해 구분할 수 있는 지표도 찾아냈다. 고급 부티크(예 : 루이비통) 매장에 들어갈 때, 문을 열어주는 도어맨에게 감사 인사를 하는지 여부다. 전체 고객의 평균 54.3%가 인사를 했던 반면, 심리적 특권의식이 강한 사람들 중에서는 단 35.0%만이 인사를 했다.

03
그래서 나는 미니멀리스트가 되었는가?

한때 최소한의 삶의 가치를 추구하는 미니멀리스트는 전 세계에 파격적인 영향을 끼친 트렌드였다. 그래서 지금, 당신은 미니멀리스트가 되었는가, 되지 않았는가?

정리로 전 세계 사람들의 인생이 바뀌었다

곤도 마리에 씨는 어릴 적부터 정리에 집착할 만큼의 정리광이었다. 대학 졸업 후 정리 컨설턴트로 독립한 그녀는 2010년 《인생이 두근거리는 정리의 마법》(더난출판사)이라는 책을 출간했고, 이 책은 베스트셀러가 되어 전 세계 40여 개국에서 번역되며 시리즈 누적 1,300만 부 이상 팔리는 성과를 거뒀다.

그녀는 그 후, 2015년에 〈TIME〉의 '세계에서 가장 영향력 있는

100인'에 선정되었고, 또한 넷플릭스에서 방영된 '곤도 마리에: 설레지 않으면 버려라'라는 정리 프로그램을 시작했다. 이 프로그램은 그녀가 미국의 가정을 방문해 정리를 지도하고, 가족이 "인생이 바뀌었다!"라며 기뻐하는 모습을 담고 있다. 이 역시 크게 히트해 에미상을 수상했다.

그녀의 저서《인생이 두근거리는 정리의 마법》이 베스트셀러가 된 이유는 단순한 수납법 안내서가 아니라 일종의 '삶의 철학'을 담고 있기 때문이다. 그녀의 수납 테크닉의 핵심은 아주 간단히 말해 '버리는 것'에 있다. 구체적으로는 어떤 물건을 손에 들었을 때 가슴이 두근거리는지를 기준으로 남길지를 결정하고, 버릴 때는 그 물건에 '고마웠다'는 감사를 전하는 방식이다.

단사리에서 미니멀리스트라는 라이프스타일로

일본에서는 2010년 무렵부터 '버리고, 생활을 심플하게 한다'는 라이프스타일이 서서히 퍼지기 시작했다. 그 계기가 된 것은 2009년에 출간된 야마시타 히데코 씨의 저서로, 이 책에서는 '단사리'라는 정리 방법이 소개되었다. 단사리는 요가의 수행 철학인 '단행, 사행, 이행'에서 따온 말로, 물건에 대한 집착이나 고집을 끊고, 불필요한 것을 버리고, 정말로 필요한 것과 가치 있는 것만을 남긴다는 정리의 철학이다.

과거에는 원하는 것을 언제든지 손에 넣을 수 없었기 때문에, 사람

CHECK ❷ 미니멀리스트 척도

다음 항목들을 읽고, 각 문장이 자신에게 얼마나 해당하는지를 1점부터 7점까지 선택해보자. 모든 항목에 응답한 후, 점수를 합산하여 총점을 계산해보라.

		매우 그렇다	그렇다	약간 그렇다	보통이다	별로 그렇지 않다	그렇지 않다	전혀 그렇지 않다
❶	필요 없어진 것은 최대한 빨리 버린다.	7	6	5	4	3	2	1
❷	물건을 최대한 안 갖고 있으려고 한다.	7	6	5	4	3	2	1
❸	다른 사람에 비해 물건을 별로 안 갖고 있다.	7	6	5	4	3	2	1
❹	물건이 많으면 안정이 되지 않는다.	7	6	5	4	3	2	1
❺	아무것도 놓여 있지 않은 방이 가장 편안하다.	7	6	5	4	3	2	1

합계 점수 = ☐ 점

해설과 편차치 산출

이 척도에 대해서도 성차와 연령차를 표 5-4로 나타냈다.

표 5-4

성별/연령별 미니멀리스트 경향의 평균치와 표준 편차

카테고리	남성		여성		전체	
	평균치	표준 편차	평균치	표준 편차	평균치	표준 편차
20대	18.15	5.55	19.46	5.74	18.81	5.67
30대	19.27	4.80	19.26	5.74	19.27	5.28
40대	18.57	5.68	19.91	5.67	19.24	5.70
50대 이상	18.19	4.56	19.50	4.33	18.84	4.49
합계	18.55	5.17	19.53	5.39	19.04	5.30

계산했다면 역시 편차치를 계산해보자.

모든 성별, 연령층별의 집단에서 당신의 편차치 산출식은 다음과 같다.

$$\frac{(당신의\ 득점) - 19.04}{5.30} \times 10 + 50$$

당신의 미니멀리스트 점수   당신의 미니멀리스트 편차치

점

들은 언젠가 필요할 때를 대비해 물건을 많이 사두고 쌓아두곤 했다. 또 많은 물건을 소유하는 것이 곧 풍요의 상징이었다. 하지만 최근에는 필요한 것은 필요할 때에 살 수 있다는 인식과, 물건을 둘 공간이 줄어든 점, 수납과 정리에 드는 비용이 점차 체감되면서, '필요한 것을 필요할 때만 갖는다'는 라이프스타일이 확산되고 있다. 그리고 이런 흐름 속에서 등장한 개념이 바로 '미니멀리스트'다.

여성 미니멀리스트가 더 많은 이유

앞서 언급한 미니멀리스트 경향 점수를 통계적으로 분석한 결과, 성별에 따른 차이가 있었고, 여성의 미니멀리스트 경향이 남성보다 높다는 사실이 밝혀졌다.

특히 흥미로운 점은, 세대별로도 미니멀리스트 경향에 큰 차이가 없었다는 사실이다. 일반적으로 50대 이상은 거품 경제 시대를 경험한 세대로, 물질주의적 소비 성향이 강하다고 알려져 있다. 그럼에도 불구하고 이들 세대가 다른 연령대와 비슷한 미니멀리스트 성향을 보였다는 것은, 그들이 원래부터 물질주의적이지 않았던 것인지, 아니면 나이가 들면서 점차 물질주의에서 벗어나 미니멀리즘을 지향하게 된 것인지는 아직 명확하지 않다. 다만, 실제로 집에 물건이 넘쳐나는 경우가 많은 80대 이상 고령자에 대한 데이터는 이번 조사에서 확보되지 않았다.

미니멀리스트는 더 행복하다

곤도 마리에 씨는 물건을 줄여나가는 것이 곧 행복으로 가는 길이라는 철학을 전파해왔다. 그렇다면 과연 그것은 실제로도 맞는 이야기일까? 이 질문에 대해 다룬 연구를 체계적으로 수집해 메타분석을 실시한 것이 훅 연구팀 Hook et al., 2023의 연구다. 이들은 미니멀리스트 경향과 행복감 사이의 관계를 다룬 정량적 연구 16건과 정성적 연구 8건을 분석했다.

그 결과, **정량적 연구 16건 중 13건에서 '미니멀리스트는 더 높은 행복감을 느낀다'는 가설을 지지하는 결과가 나왔다.** 예를 들어 브라운과 카사(2005)는 200명의 참가자를 비교해, 미니멀리스트는 일반 대조군보다 긍정적인 감정을 더 많이 느끼고, 전반적인 주관적 행복감도 높다는 사실을 밝혔다.

정성적 연구의 경우에도 9건 중 8건에서, 미니멀리스트적 삶을 사는 것이 스트레스나 불안을 줄이고, 마인드풀니스(자각력)를 향상시키며, 인간관계를 개선하는 데 긍정적인 효과를 주는 것으로 나타났다. 이 같은 결과에 대해 연구자들은 "미니멀리스트가 되면 물질주의적 가치관에 휘둘리지 않고 진정한 자신과 마주할 수 있게 되며, 그로 인해 오히려 더 풍요롭고 만족스러운 삶을 살 수 있게 되는 것"이라고 설명하고 있다(로이드 & 페닌톤, 2020).

미니멀리스트는 고민하고, 조금만 구매한다

　미니멀리스트는 아무것도 사지 않는 것이 아니라, 아주 '선별된 방식의 소비'를 한다. 예를 들어, 같은 금액이 주어졌을 때 일반 소비자는 가능한 많은 수의 물건을 구입하려는 경향이 있는 반면, 미니멀리스트는 더 적은 수라도 '좋은 것'을 선택하는 성향이 있다. 이 점을 실증적으로 보여준 것이 윌슨과 베레차 Wilson & Bellezza, 2022 의 연구다. 이들은 온라인 설문을 통해 197명의 실험 참가자에게 다음과 같은 선택지를 제시했다.

이제부터 온라인 추첨을 진행합니다. 당첨되면 80달러 상당의 스웨터를 받을 수 있습니다. 단, 두 가지 선택지 중 하나를 미리 골라야 합니다.

① 고급 스웨터 한 장 (장당 80달러)
② 중간급 스웨터 네 장 (장당 20달러)

당첨되면, 여러분이 선택한 조건대로 스웨터를 받게 됩니다.
어느 쪽을 선택하시겠습니까?

　사실 이 실험은 추첨을 가장한 것이었고, 실제 스웨터는 지급되지 않았다. 실험의 목적은 선택지의 경향을 알아보는 것이었다(참가자들에게는 사후에 이 사실을 고지하고 사과했다). 그 결과, 일반 참가자들은

39%가 고급 스웨터 1장을, 61%가 중간급 스웨터 4장을 선택했다. 하지만 미니멀리스트 척도에서 점수가 높았던 사람일수록 고급 스웨터 1장을 선택하는 비율이 뚜렷이 높아졌다.

미니멀리스트는 공짜를 싫어한다?

윌슨과 베레차는 또 다른 실험도 진행했다.

당신은 새로 출시된 인터넷 앱을 다운로드하고 회원 가입을 마쳤습니다. 그러자 다음과 같은 메시지가 떴습니다.

'축하드립니다! 이번 달 한정 스페셜 혜택을 드립니다. 아래 상품 중 최대 3개까지 무료로 드릴 수 있으니 원하는 항목에 체크해 주세요.'

☐ 탁구 세트 - 어디서든 탁구를 즐길 수 있어요!
☐ 전기 담요 - 긴 겨울도 따뜻하게 날 수 있어요!
☐ YETI 24온스 램블러 머그 - 뜨거운 음료도, 찬 음료도 오랫동안 유지됩니다.

실험 결과, 미니멀리스트 경향이 높은 사람일수록 선택한 항목 수가 적다는 사실이 밝혀졌다. 즉, 미니멀리스트는 무료라고 해도 필요하지 않은 물건은 일부러 받지 않으며, 불필요한 것을 소유하고 싶어 하지 않는다.

미니멀리스트 특유의 소비 패턴

　미니멀리스트는 자동차, 컴퓨터, 의류, 가구 등의 렌탈이나 구독 서비스를 효율적으로 활용하고, 보유 자산을 디지털화하는 등 새로운 소비 행동을 보이는 경향이 있다(슈클라 연구팀 Shukla et al., 2024). 또한 복잡한 정보가 가득한 집요한 광고보다는 심플한 광고나 간결한 포장지를 선호하는 것으로 알려져 있다(갈라슈추크 Galashchuk, 2015). 뿐만 아니라, 미니멀리스트는 리사이클과 환경 보호 같은 라이프스타일이나 정책을 지지하는 경우가 많다. 그 결과, 리사이클 소재로 만든 제품이나 환경 보호 단체와의 협업 상품에 더 큰 매력을 느끼는 경향이 있다.

04
알고 있어도 그만둘 수 없는 충동구매

소비 의사 결정 과정의 개인차

지금까지는 현시적 소비 경향과 미니멀리스트 경향 등, 소비 스타일과 소비 정책에 관련된 개인차를 살펴보았다. 이처럼 소비 성향의 유형에 따른 차이와는 별개로, 소비 의사 결정 과정 자체에서도 다양한 개인차가 존재한다. 우리가 어떤 상품을 보고 '갖고 싶다'는 마음이 들어 결국 구매에 이르는 흐름은 대체로 다음과 같다.

상품을 본다 → 갖고 싶어진다 → 구매를 결정한다 → 구매한다 → 만족하거나 후회한다

이 일련의 단계마다 개인차가 개입된다. 이러한 소비 행동의 개인차는 구매 데이터만으로는 파악하기 어렵다. 따라서 이러한 개인차는 심리척도를 통해 분석하는 것이 일반적이다. 이제부터는 심리척도 실습을 통해 충동구매 경향, 최선추구형 소비자Maximizer와 만족형 소비자Satisficer 경향에 대해 구체적으로 살펴보고자 한다.

충동구매의 환경적 요인과 개인적 요인

물건을 사러 갔을 때, 애초에 살 계획이 전혀 없었음에도 불구하고 매장에서 상품을 보고 한눈에 반해 구입하거나, 인터넷을 둘러보다가 마음에 드는 제품을 발견해 별다른 고민 없이 결제해 본 경험은 누구나 한 번쯤 있을 것이다. 이처럼 사전 계획 없이 즉흥적으로 이루어지는 구매를 충동구매라고 한다.

충동구매는 환경적 요인과 개인적(성격적) 요인, 두 가지 요소에 의해 설명된다. 먼저 환경적 요인이란 충동구매를 유발하기 쉬운 외적 상황을 의미한다. 예를 들어 해외여행지나 테마파크에서는 화려한 액세서리나 평범한 스낵 등 평소라면 절대 사지 않을 물건을 '그 순간 분위기'에 휩쓸려 구입하게 된다. 이처럼 외부 환경에 의해 유발되는 충동적인 소비 상황이 바로 환경적 요인이다. 충동구매와 환경 요인 간의 관련성에 대해서는 이미 많은 연구가 진행되어 왔다. 하지만 이 장에서는 환경보다 개인적 요인, 즉 충동구매를 일으키기 쉬운 사람의 심리적 특성에 주목하고자 한다. 그에 앞서, 우선 독자 본인의 충동구매 성향을 간단한 검사를 통해 알아보도록 하겠다.

충동구매를 하는 여성이 더 많은 이유

충동구매 경향에 대한 심리척도 결과를 통계적으로 분석해보면, 성별에 따른 차이가 존재하며, 여성이 남성보다 충동구매 성향이 더 높은 것으로 나타난다. 일반적으로도 여성은 충동구매를 더 자주 한다는 인상이 강한데, 실제 측정 결과 역시 이를 뒷받침하였다.

그렇다면 연령대에 따른 차이는 존재할까? 대체로 '젊을수록 충동적으로 소비하고, 나이가 들수록 신중한 소비를 한다'는 고정관념이 있다. 그러나 필자가 수집한 데이터에서는 연령대별로 유의미한 차이는 발견되지 않았다. 즉, 충동구매 성향은 나이와는 무관했다.

마지막으로, 경제적 여유와 충동구매 성향의 관계에 대해 살펴보자. 이를 위해 매월 사용 가능한 용돈 금액과 충동구매 경향 간의 상관계수를 산출한 결과, $r = 0.046$이라는 매우 낮은 수치가 도출되었다. 이는 충동구매 성향과 현재 사용 가능한 돈의 양 사이에 사실상 아무런 상관이 없다는 것을 의미한다. 물론 과거처럼 현금만 사용하던 시대와 달리, 오늘날에는 신용카드, 간편결제 등 다양한 결제 수단이 존재한다. 이로 인해 실제로 돈이 없어도 충동구매가 가능해졌으며, 이는 소비자에게 심리적 경계 없이 지출을 유도하는 위험한 소비 행태로 이어질 수 있다.

CHECK ❸ 충동구매 척도

다음 항목들을 읽고, 각 문장이 자신에게 얼마나 해당하는지를 1점부터 7점까지 선택해보자. 모든 항목에 응답한 후, 점수를 합산하여 총점을 계산해보라.

		매우 그렇다	그렇다	약간 그렇다	보통이다	별로 그렇지 않다	그렇지 않다	전혀 그렇지 않다
❶	갖고 싶은 것이 있으면 충동적으로 사버릴 때가 있다.	7	6	5	4	3	2	1
❷	처음에는 살 생각이 없었는데 물건을 보고 갖고 싶어져서 구입할 때가 있다.	7	6	5	4	3	2	1
❸	산 후의 일을 별로 생각하지 않고 물건을 사 버리는 경우가 있다.	7	6	5	4	3	2	1
❹	언제나 생각지도 않은 것을 구입해 버린다.	7	6	5	4	3	2	1
❺	앞뒤 생각없이 물건을 사버릴 때가 있다.	7	6	5	4	3	2	1
❻	일단 갖고 싶어지면 그 마음을 억누르기 어렵다.	7	6	5	4	3	2	1
❼	스트레스 해소를 위해서 괜히 쇼핑을 할 때가 있다.	7	6	5	4	3	2	1
❽	충동구매를 하면 기분이 좋아진다.	7	6	5	4	3	2	1

합계 점수 = _____ 점

해설과 편차치 산출

이 척도에 대해서도 성별에 따른 차이 및 연령 차이를 표 5-5에 나타냈다.

표 5-5

성별, 연령별 충동구매 경향의 평균치와 표준 편차

카테고리	남성		여성		전체	
	평균치	표준 편차	평균치	표준 편차	평균치	표준 편차
20대	25.90	10.79	27.32	9.15	26.61	10.01
30대	23.30	8.51	24.57	9.35	23.93	8.94
40대	23.18	8.94	26.41	8.09	24.80	8.66
50대 이상	22.53	7.90	23.31	7.45	22.92	7.67
합계	23.73	9.16	25.40	8.66	24.57	8.94

계산했다면 역시 편차치를 계산해보자.

모든 성별, 연령층별의 집단에서 당신의 편차치 산출식은 다음과 같다.

$$\frac{(당신의\ 득점) - 24.57}{8.94} \times 10 + 50$$

당신의 충동구매 점수

[   ] 점

당신의 충동구매 편차치

[   ]

충동구매 성향과 개인적 특성

여러 연구자들은 충동구매 경향과 관련된 개인적 특성을 규명하기 위해 다양한 연구를 진행해 왔다. 지금까지 밝혀진 주요 연구 결과 중 대표적인 항목은 표 5-6에 정리되어 있다.

표에 나열된 특성들은 다양해 보이지만, **이를 통합적으로 살펴보면 충동구매 성향과 가장 밀접하게 관련된 핵심 요인은 '자기조절 능력 self-regulation'과 '감정 안정성 emotional stability'임을 알 수 있다.**

먼저 자기조절 특성이란, 말 그대로 자신의 충동이나 욕구를 인식하고 의식적으로 조절할 수 있는 능력을 말한다. 이 능력이 뛰어난 사람은 일시적인 욕망에 휘둘리지 않고, 장기적인 목표를 고려해 행

표 5-6

충동구매 경향과 관계가 있는 개인적 특성

(Velasco et al., 2014)

개인적 특성	연구자
정보 안정성, 협조성, 성실성	Mowen & Spears (1999)
조절력 결여, 몰두, 스트레스 반응성	Youn & Faber (2000)
외향성, 자율성 결여(정), 협조성(부)	Verplanken & Herabadi (2001)
물질주의	Troisi, Christopher, & Marek (2006)
충동성과 다양한 사고 경향	Sharma, Sivakumaran, & Marshall (2010)
신경질 경향과 지적호기심	Shahjehan, Zeb, & Saifullah (2012)
충동성, 신경질 경향, 외향성	Bratko, Butkovic, & Bosnjak (2013)
정신병질, 신경질 경향	Gangai & Agrawal (2016)
수줍음, 정서적 안정성, 물질주의 집합 주의	Barakat (2019)

동할 수 있다. 자기조절 능력은 충동구매뿐 아니라, 예를 들어 폭력적 행동(화를 참지 못해 물리적 공격으로 이어지는 경우), 절도 행동(갖고 싶은 물건을 충동적으로 훔치는 경우) 등 문제행동 전반과도 밀접한 관련이 있는 특성으로 알려져 있다.

충동구매는 스트레스 해소를 돕는다?

충동구매에는 감정 요인이 중요한 역할을 한다. 감정은 크게 긍정적 감정(예 : 기쁨, 행복)과 부정적 감정(예 : 불안, 분노)으로 나뉘는데, 이 중 어느 쪽이 더 충동구매를 유발하는지는 논의의 여지가 있었다. 이에 대해 아이어 연구팀 Aiyer et al., 2020 는 기존 선행 연구들을 메타 분석한 결과, 긍정적 감정과 부정적 감정 모두 충동구매를 증가시키는 효과가 있음을 밝혀냈다. 다만, 상대적으로 보면 긍정적 감정의 영향력이 다소 더 강한 것으로 나타났다.

긍정적 감정에 의한 충동구매는 일시적인 자존감의 고양, 즉 '우쭐한' 기분에서 비롯되는 경우가 많다. 반면 부정적 감정에 의한 충동구매는 스트레스를 해소하거나 부정적인 감정 상태를 회피하려는 심리에서 발생한다. 예를 들어, 불안하거나 우울한 상태에서 그 감정을 잊기 위해 계획에 없던 소비를 하게 되는 것이다. 심한 경우에는 '자포자기' 상태에서 필요하지도 않은 물건에 큰돈을 한꺼번에 써버리는 행위로 이어질 수 있으며, 이는 일종의 자학적 소비로도 해석될 수 있다.

이처럼 감정이 충동구매에 밀접하게 연결되어 있는 이유는, 감정이 긍정적이든 부정적이든 정서적 변화가 크면 클수록 사람은 그 순간의 감정에 휘둘려 구매 욕구를 느끼게 되기 때문이다. **감정이 충동구매와 밀접하게 관련되어 있다는 사실을 경험적으로 알고 있는 영업사원, 매장 직원, 심지어 사기꾼들은 이 점을 적극적으로 활용한다.** 그들은 소비자의 감정 상태에 따라, TPO Time, Place, Occasion에 맞추어 다음과 같은 방식으로 충동구매를 유도한다. 첫째, 긍정적인 감정을 자극하여 자존심을 높이고 우쭐한 기분을 만들어냄으로써, 기분이 고조된 상태에서 소비자가 물건을 사도록 유도한다. 둘째, 불안이나 조바심을 조장해 부정적인 감정을 유발하고, 그러한 불쾌한 상태를 피하기 위해 '지금 당장 이 상품을 사야 한다'는 심리를 부추겨 구매로 이어지게 만든다. 이처럼 이들은 소비자의 감정이 긍정적이든 부정적이든, 그 흐름을 교묘하게 활용하여 충동구매를 이끌어내고 있는 것이다.

충동구매 DNA

성격 Personalitiy은 다양한 요인에 의해 형성되지만, 일반적으로 약 50% 정도는 유전적인 요인에 의해 결정된다고 알려져 있다. 만약 충동구매 성향이 성격과 관련이 있다면, 충동구매 역시 유전될 가능성이 있다는 추론이 가능하다.

이 가설을 검토한 것이 바로 브라트코 연구팀 Bratko et al., 2013의 연구이다. 어떤 특성이 유전되는지를 밝히기 위해 이들은 쌍생아법twin study을 활용했다. 이 방법은 동일한 환경에서 자란 일란성 쌍둥이(유전자가 100% 동일)와 이란성 쌍둥이(형제와 유사한 유전적 일치도)를 비교함으로써, 유전과 환경이 특정 성향에 미치는 영향을 구분해낼 수 있도록 설계되어 있다. 연구팀은 총 339쌍의 쌍둥이를 대상으로 충동구매 경향을 분석하였다. 그 결과, 충동구매 성향의 개인차 중 약 25%는 유전적 요인에 의해 설명될 수 있다는 사실을 밝혀냈다. 즉, 충동구매 경향은 일정 부분 유전된다고 할 수 있으며, 이는 개인의 소비 습관이나 성향이 후천적인 경험뿐 아니라 선천적 요인에도 영향을 받는다는 중요한 시사점을 제공한다.

05
후회하기 쉬운 최선추구형 소비자가 행복해지는 방법

최선추구형 소비자와 만족형 소비자

　당신은 어떤 물건을 구매할 때, 가능한 한 많은 정보를 수집하고 여러 매장을 비교한 뒤, 신중하게 고민한 끝에 가장 좋은 상품을 고르려는 편인가? 아니면 스스로 정한 기준에 따라 '이 정도면 괜찮아'라고 판단되면, 더 이상 고민하지 않고 바로 구매하는 편인가?
　전자의 경우, 가능한 모든 옵션을 비교한 후 최선의 선택을 하려는 경향이 강한 소비자로, 이를 최선추구형 소비자Maximizer라고 부른다. 반면 후자는, 일정 수준 이상 만족스러운 선택이 되었다고 판단되면 추가 비교 없이 구매하는 소비자로, 만족형 소비자Satisficer라고 한다.
　이러한 구매 성향의 개인차를 측정하기 위해 고안된 것이 바로 최선추구형 소비자 – 만족형 소비자 척도이다. 이 척도는 슈왈츠Schwartz,

2022에 의해 개발되었으며, 여기에서는 오치Ochi, 2022가 제시한 일본어판 척도를 바탕으로 살펴보고자 한다. 지금부터는 이 척도를 통해, 당신이 최선추구형 소비자에 가까운지, 만족형 소비자에 가까운지를 스스로 확인해보자.

최선추구형 소비자와 만족형 소비자란 어떤 사람인가?

최선추구형 소비자 성향의 점수는 연령이 증가할수록 점차 낮아지는 경향을 보인다. 또한, 여성이 남성보다 다소 높은 경향을 나타냈다. 즉, 가장 '뭐, 이 정도면 됐지'라는 식의 만족 소비 성향을 보인 집단은 50세 이상 남성, 반면 가장 많은 정보를 수집하며 신중하게 소비한 집단은 20대 여성이었다.

이러한 경향은 단순한 성별이나 연령 차이라기보다는 경제적 여유와 관련이 있을 수 있다. 예를 들어 경제적으로 여유가 있는 사람은 쇼핑에서 다소 실패하더라도 타격이 크지 않기 때문에, '이 정도면 충분하다'며 만족형 소비자Satisficer가 될 가능성이 크다. 반면, 금전적 여유가 없는 사람은 소비에서 실패할 여지가 없기 때문에, 더욱 신중하게 선택하려는 최선추구형 소비 성향을 보일 수 있다.

이 가설을 검증하기 위해, 자유롭게 사용할 수 있는 자금과 최선추구형 소비자 점수 간의 상관계수를 산출해본 결과, 이는 사실상 상관이 없는 수준으로, 최선추구형 소비자 경향은 개인이 보유한 자산의 많고 적음과는 별다른 관련이 없다는 것을 시사한다.

CHECK ❹ 소비에 있어서의 최선추구형 소비자 척도

다음 항목들을 읽고, 각 문장이 자신에게 얼마나 해당하는지를 1점부터 7점까지 선택하라. 모든 항목에 응답한 후, 점수를 합산하여 총점을 계산해보라.

		매우 그렇다	그렇다	약간 그렇다	보통이다	별로 그렇지 않다	그렇지 않다	전혀 그렇지 않다
❶	물건을 살 때는 여러 가지 정보를 모아서 검토한다(P)	7	6	5	4	3	2	1
❷	물건을 살 때는 가장 좋은 것을 사고 싶다(P)	7	6	5	4	3	2	1
❸	물건을 살 때는 여러 가지 도전해 보고 비교 검토한다(P)	7	6	5	4	3	2	1
❹	물건을 살 때는 사양과 가성비를 비교해서 가장 좋은 것을 산다(P)	7	6	5	4	3	2	1
❺	물건을 살 때는 사기 전에 고민하는 일이 많다(P)	7	6	5	4	3	2	1
❻	물건을 산 후에도 정보를 계속해서 수집한다(R)	7	6	5	4	3	2	1
❼	물건을 산 후에 다른 걸 살 걸 그랬다고 후회하는 경우가 많다(R)	7	6	5	4	3	2	1
❽	물건을 산 후에 더 좋은 것이 있지 않았을까 생각할 때가 있다(R)	7	6	5	4	3	2	1
❾	물건을 산 후에 잘 후회하는 편이다(R)	7	6	5	4	3	2	1
❿	물건을 산 후에 잘못 샀다고 자주 생각한다(R)	7	6	5	4	3	2	1

합계 점수 = ☐ 점

해설과 편차치 산출

이 척도에 대해서도 성별 차이와 연령 차이를 표 5-7에 나타냈다.

표 5-7

성별, 연령층별 최선추구형 소비자 득점의 평균치와 표준 편차

카테고리	남성		여성		전체	
	평균치	표준 편차	평균치	표준 편차	평균치	표준 편차
20대	41.61	9.88	43.32	7.10	42.47	8.63
30대	40.83	7.14	41.66	8.80	41.25	8.01
40대	39.51	9.08	40.54	7.28	40.03	8.22
50대 이상	38.95	7.59	39.73	6.00	39.34	6.84
합계	40.23	8.53	41.31	7.46	40.77	8.03

계산했다면 역시 편차치를 계산해보자.

모든 성별, 연령층별의 집단에서 당신의 편차치 산출식은 다음과 같다.

$$\frac{(당신의\ 득점) - 40.77}{8.03} \times 10 + 50$$

당신의 최선추구형 소비자 점수

☐ 점

당신의 최선추구형 소비자 편차치

☐

5장 | 최고를 추구하는 사람은 행복할까? – 소비 행동과 심리학

덧붙이자면, 개인은 소비의 모든 영역에서 동일한 성향을 보이지 않을 수도 있다. 예를 들어 해외여행에서는 최선추구형 소비자로서 철저한 비교와 계획을 세우지만, 전자제품 구매에서는 만족형 소비자로서 '적당히 괜찮으면 된다'고 판단할 수 있다. 이러한 현상을 심리학에서는 '영역 고유성 domain-specificity'이라고 부른다.

최선추구형 소비자는 불행한가?

최선추구형 소비자 성향을 측정하는 심리 척도는 단일한 구성요소로 이루어져 있지 않다. 이 척도를 요인 분석한 결과, 두 가지 하위 인자가 추출된다. 바로 '추구 Seeking' 인자와 '후회 Regret' 인자이다.

283페이지의 최선추구형 소비자 척도 문항 중, ①~⑤번 항목은 '추구' 인자에 해당하고, ⑥~⑩번 항목은 '후회' 인자에 해당한다. 이제 두 인자에 대한 편차치를 계산해보자.

이 두 인자 간의 상관관계를 살펴보면, 통계적으로 유의미하긴 하지만 강한 관계는 아닌 수준이다. 그런데도 **슈왈츠 Schwartz, 2002 역시 지적했듯이, 최선추구 성향이 높은 사람은 후회하는 경향도 높은 것으로 나타났다.**

최선추구형 소비자는 최상의 선택을 위해 다양한 정보를 수집하고 가능한 모든 옵션을 비교하지만, 막상 구매가 끝난 뒤에는 "그 가게에서 샀으면 더 나았을까?" "이 색보다 다른 색이 더 잘 어울렸을지도 몰라"라는 식의 끊임없는 아쉬움과 후회에 시달리게 된다. 특히 시간이 흐르면서 구매한 상품에 익숙해지고 싫증이 나기 시작하면, 그 물건의 단점이나 결점이 눈에 들어오기 시작한다. 그러면 과거의 선택에 대한 후회가 더 강하게 떠오르게 된다. 슈왈츠의 연구에 따르면, 극대화 성향이 높은 사람일수록 불안과 우울 경향이 높고, 반대로 삶의 만족도, 행복감, 낙관성은 낮은 경향을 보인다.

한편, 극단적으로 최선추구형 소비자 성향이 높은 사람들 중 일부는 임상적으로 '우울 상태'로 간주될 정도로 높은 우울 점수를 기록하기도 했다.

CHECK ⑤ 추구 척도와 후회 척도

해설과 편차치 산출

표 5-8

최선추구형 소비자 득점의 2요소

(a) 추구 점수의 평균치와 표준 편차(250p의 ①~⑤의 합계)

카테고리	남성 평균치	남성 표준 편차	여성 평균치	여성 표준 편차	전체 평균치	전체 표준 편차
20대	23.15	5.68	24.74	4.85	23.94	5.33
30대	23.68	4.42	24.00	5.96	23.84	5.23
40대	22.68	5.80	22.80	3.99	22.74	4.96
50대 이상	22.36	4.61	22.54	4.24	22.45	4.42
합계	22.97	5.17	23.52	4.88	23.24	5.03

(b) 후회 점수의 평균치와 표준 편차(250p의 ⑥~⑩의 합계)

카테고리	남성 평균치	남성 표준 편차	여성 평균치	여성 표준 편차	전체 평균치	전체 표준 편차
20대	18.46	6.19	18.58	5.43	18.52	5.81
30대	17.15	5.11	17.66	5.37	17.41	5.23
40대	16.83	5.34	17.74	4.91	17.29	5.14
50대 이상	16.59	4.96	17.19	4.13	16.89	4.56
합계	17.26	5.45	17.79	4.99	17.52	5.23

최선추구형 소비자 점수 = 추구 점수 ☐ 점 + 후회 점수 ☐ 점

당신의 최선추구형 소비자 점수
☐ 점

당신의 최선추구형 소비자 편차치
☐

그림 5-3

최선추구형 소비자의 4가지 유형

후회
(50)

④ 후회자	① (진정한)최선추구형 소비자
추구의 편차치가 50 미만, 후회는 50 이상 적당한 것을 구매하고, 구매한 후에 후회하는 일을 반복한다. 행복도가 낮다.	추구, 후회 모두 편차치 50 이상 물건을 구매할 때, 늘 극대화를 목표로 하고, 구매 후에도 후회가 계속된다. 행복도는 낮다.
② (진정한)만족형 소비자	③ 추구자
추구, 후회 모두 편차치 50 미만 물건을 구매할 때, 일단 만족할지 여부로 판단한다. 후회는 하지 않는다. 행복하다.	추구의 편차치가 50 이상, 후회는 50 미만 늘 최고의 물건을 노리지만, 사 버리고 난 다음에는 후회하지 않는다. 행복도는 ②에 이어 높다.

추구
(50)

인생의 선택과 최선추구형 소비자의 고뇌

최선추구형 소비자 성향을 구성하는 '추구 척도'와 '후회 척도' 사이에는 일정 수준의 상관관계가 존재한다. 일반적으로 추구 성향이 높은 사람은 후회 성향도 높고, 반대로 추구 성향이 낮은 사람은 후회 성향도 낮은 경향을 보인다.

그러나 예외적으로, 추구 성향은 높지만 후회 성향은 낮거나, 또는 그 반대인 경우도 존재한다. 이때, 편차치 50이 평균에 해당하므로, 이를 기준으로 자신이 그림 5-3의 네 가지 유형 중 어디에 속하는지

확인해보는 것이 도움이 된다.

그렇다면, 인생의 중대한 선택을 할 때도 만족형 소비자Satisficer가 더 행복한 것일까? 예를 들어, 집을 구입한다거나, 합격한 학교 중 어떤 곳에 입학할 것인지와 같은 순간에도 마찬가지일까? 이에 대해 슈왈츠Schwartz는 '그렇다'고 말한다.

실제로 대학생 집단을 관찰해보면, 최선추구형 소비자 성향이 강한 학생은 다음과 같은 태도를 보이곤 한다. "더 좋은 대학에 갈 수 있었을 텐데…" "내 실력은 이 정도가 아닌데, 이 학교에 다니고 싶지 않아" 이러한 불만족은 반수로 이어지거나, 무기력하거나 예민한 태도, 혹은 지속적인 불안감으로 드러나는 경우가 적지 않다.

반면, 만족형 소비자 성향을 지닌 학생들은 초기부터 자신이 속한 환경을 수용하며 대학 생활을 즐기려는 태도를 보인다. 이들은 꿋꿋하게 학업, 운동, 아르바이트 등 다양한 활동에 충실히 임하며, 그 과정에서 실질적인 역량과 경험을 쌓아 유명 기업에 취업하거나 해외 진학, 유학 등 다음 목표를 향해 나아가는 경우가 많다.

만족형 소비자가 되기 위한 비결

많은 결과를 토대로 살펴 본 결과, 당신의 유형은 어디에 속하는가? 그리고 당신은 현재에 만족하는가? 앞서 살펴본 바와 같이, 최선추구형 소비자보다 만족형 소비자 성향을 지닌 사람이 더 높은 삶의 만족도와 심리적 안정을 경험하는 경향이 있다.

이에 따라 슈왈츠 Schwartz 연구팀은 만족형 소비자로 살아가는 것이 바람직하다고 제안하며, 실제로 만족형 소비자 성향을 기르기 위한 몇 가지 실천 방법을 제시하고 있다.

① 선택 방식에 '제한'을 두기

무언가를 선택해야 할 때, 고를 수 있는 범위를 스스로 미리 제한한다.

예를 들어 옷을 살 때 "이 브랜드만 본다" "두 군데 매장만 들른다"처럼 선택의 폭을 사전에 좁혀두면, 불필요한 비교와 고민을 줄일 수 있다.

② '만족할 수 있는 기준'을 받아들이기

항상 최고를 고르려 하기보다, "이 정도면 충분하다"는 기준을 스스로 설정하고 이를 충족하면 결정을 내리는 연습을 한다. 그리고 일단 구매하거나 선택한 뒤에는 더 이상 다른 대안을 떠올리지 않고, 지금의 선택을 수용하는 태도를 기른다.

③ 잃은 것보다 가진 것에 집중하기

사지 않은 물건이나 놓친 선택지에 대한 미련은 의식적으로 멈추는 연습이 필요하다. 그보다는 이미 구매한 물건, 자신이 선택한 것의 장점과 이점에 집중하며 감사를 느끼는 태도를 기르는 것이 중요하다.

Tip ❸

인자 분석

심리척도를 구성할 때는, 먼저 측정하고자 하는 개념—예를 들어 '극대화 성향'—과 관련된 다양한 문항을 가능한 한 많이 구성하여 예비조사를 실시한다. 이후, 수집된 데이터를 바탕으로 '인자 분석 factor analysis'이라는 통계적 기법을 활용해 분석한다. 인자 분석은 통계학을 활용한 질문 항목의 '그룹화' 과정이라고 이해할 수 있다. 즉, 각 질문 항목이 몇 개의 하위 범주(인자)로 나뉘는지를 분석하는 것이다.

(현대사, 고문, 세계사, 윤리) → 문과 과목 인자
(물리, 수학, 화학) → 이과 과목 인자
(체육) → 체육 인자

이처럼 성적이라는 하나의 개념도, 실제로는 여러 성향이 섞여 있기 때문에 서로 다른 성격의 과목들이 통계적으로 구별되는 하위 집단(인자)으로 분리되는 것이다.

마찬가지로 심리척도에서도 시적 소비 척도는 10개 항목이 하나의 인자, 미니멀리스트 척도는 5개 항목이 하나의 인자, 충동구매 척도는 8개 항목이 하나의 인자로 묶이는 반면, 극대화 척도는 두 개의 인자로 나뉜다. 즉, 극대화 성향이라는 하나의 개념은 사실상 '추구 성향'을 나타내는 항목 5개, '후회 성향'을 나타내는 항목 5개, 총 두 개의 하위 인자로 구성되어 있다는 뜻이다. 이는 마치 '고등학교 성적'이라는 개념이 문과, 이과, 체육 등으로 나뉘는 것처럼, 극대화 성향도 '추구'와 '후회'라는 서로 다른 성격의 심리적 요소들로 구성되어 있음을 보여주는 분석 방법이다.

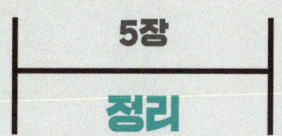
5장
정리

- 연령, 성별 등의 전통적인 **세분화**segmentation 기준은 여전히 유효하지만, 오늘날에는 라이프스타일이나 소비 스타일과 같은 심리적 특성이 점점 더 중요한 기준으로 부상하고 있다.

- **현시적 소비 척도**는 개인이 자신의 사회적 지위를 과시하기 위해 소비하는 경향을 측정하는 도구이다.

- **미니멀리스트 척도**는 불필요한 물건을 소유하지 않으려는 라이프스타일에 따른 개인차를 측정한다.

- **충동구매 척도**는 오프라인 매장이나 온라인 쇼핑 환경에서 사전 계획 없이 즉흥적으로 구매를 결정하는 경향의 개인차를 측정한다.

- **최선추구형 소비자 - 만족형 소비자** 척도는 소비자가 항상 최상의 선택을 추구하는 성향(최선추구형 소비자)인지, 기준에 도달하면 만족하고 결정을 내리는 성향(만족형 소비자)인지에 따른 의사결정 방식의 차이를 측정한다.

끝맺는 말

소비와 욕망은 한 끗 차이,
심리학으로 읽어내는 쇼핑의 과학

내가 대학에 입학한 1983년 당시 심리학계는 행동주의가 주류를 이루다 막 물러난 직후로, 비둘기나 생쥐의 행동을 정밀하게 분석하는 내용이 대부분이었다. 그 무렵 등장하기 시작한 인지심리학은 행동주의 이후, 이른바 포스트 행동주의였지만 기초 실험을 반복하기에 그쳤던 기억이 있다.

당시 나는 그런 수업들을 완전히 싫어하진 않았다. 단지, 보다 현실적이고 친숙한 인간 행동을 분석하는 연구는 없을까 하는 갈증이 있었고, '이런 게 대학이구나'라고 생각하며 수용하던 학생일뿐이었다. 그러다가 우에다 다카호 선생님이 지도하시던 경영학과의 '경영학 특수 강의'를 만났다. 행동경제학이라는 개념조차 정립되지 않았던 시대에 이 시간을 접하고서는, '아, 정말이지 바로 이런 걸 하고 싶었어'라는 강렬한 감정을 느꼈던 것을 지금도 잊지 못한다.

그 후로도 많은 우여곡절을 겪은 끝에, 나는 어느새 사회심리학과 범죄심리학을 강의하는 대학 강사가 되어 있었다. 본업인 대량살인, 테러리즘, 스토킹 등의 연구를 하다 보니 인간 욕구를 다루는 소비자 행동에도 관심이 갔다.

운이 좋게도 소비자 행동은 사회심리학의 하위 분야로 포함될 수 있었기 때문에, 큰 부담 없이 접근할 수 있었다. 그 후 학외 연구회나 학술대회에 참석하며 공부를 이어갔고, 실제 기업 현장의 전문가들에게도 많은 가르침을 받았다.

놀랍게도 내 강의를 들은 학생들은 학창 시절의 나처럼, 내 강의를 통해 자극을 받아, 실제로 리서치 회사, 컨설팅 회사, 기업의 마케팅 부서나 홍보팀 등에 취업했다. 그런 경험은 내 인생에 있어 가르친 자로서 더할 나위 없이 값진 보람이었다.

사실 이 책은 기획부터 출간까지 꽤 오랜 시간이 걸렸다. 나를 묵묵히 믿고 기다려주신 편집자님에게 진심으로 깊은 감사를 전한다. 출판계에서는 학자의 책 절반은 편집자의 힘으로 만들어진다는 말이 있습니다만, 그 말이 정말 사실이라는 걸 이번에 절감했다.

또한 이 책에서 다룬 내용을 함께 고민해준 학생 여러분들, 특히 호세이대학, 사이타마대학, 가나가와대학, 도쿄카세이대학에서 내 강의를 수강해준 학생들에게도 고마움을 전하고 싶다. 그들은 자신의 아르바이트 경험이나 소매점, 이자카야, 패밀리레스토랑, 편의점의 실상을 들려주었고, 자신이 근무하는 가게의 판매 전략을 분석한 리포트를 통해 새로운 통찰을 안겨주었다. "그런 건 너무 옛날 얘기예요! 요즘엔 그렇게 안 해요!"라는 현실적인 팁이 없었다면 이 책이 없었을지도 모르겠다.

이렇게 두서없이 긴 이야기를 늘어놓았지만, 이제 마지막으로 한마디만 전하고 싶다.

여러분, 감사합니다.

1장

阿部誠(2019). 東大教授が教えるヤバいマーケティング KADOKAWA

Armstrong, G. & Kotler, P.(2014). *Marketing: An Introduction, Global Edition*. Pearson Education.

Bresciani, S., & Del Ponte, P.(2017). New brand logo design: customers' preference for brand name and icon. *Journal of Brand Management*, 24(5), 375-390.

Chae, B., & Hoegg, J.(2013). The future looks "right": Effects of the horizontal location of advertising images on product attitude. Journal of Consumer Research, 40(2), 223-238.【그림 1-12】

Christensen, C. M.(1997). *The innovator's dilemma: When new technologies cause great firms to fall*. Harvard University Press.(伊豆原弓訳 イノベーションのジレンマ 増補改訂版 翔泳社)

Eelen, J., Dewitte, S., & Warlop, L.(2013). Situated embodied cognition: Monitoring orientation cues affects product evaluation and choice. *Journal of Consumer Psychology*, 23(4), 424-433.

Fritz, C., Curtin, J., Poitevineau, J., Borsarello, H., Wollman, I., Tao, F. C., & Ghasarossian, T.(2014). Soloist evaluations of six old Italian and six new violins. *Proceedings of the National Academy of Sciences*, 111(20), 7224-7229.

日髙杏子(2015). 牛乳パッケージの色彩とデザインの日米比較文化研究. 多摩美術大学研究紀要 ,(30), 155-163.

Huang, J., Peng, Y., & Wan, X. (2021). The color-flavor incongruency effect in visual search for food labels: An eye-tracking study. *Food Quality and Preference*, 88, 104078.

Huang, J., & Wan, X. (2019). The color–lavor incongruency effect in product evaluation and brand perception. *Journal of Consumer Behaviour*, 18(6), 484-495.【그림 1-6】

池田美月(2023). シャンプーのパッケージの色と形状が使用感に及ぼす影響 法政大学文学部卒業論文【그림 1-7】

石井裕明(2010). パッケージ制作における書字方向とレイアウト. 商品開発·管理研究, 6(1),

23-37.

石井裕明, 恩蔵直人, & 寺尾祐美(2008). パッケージにおける言語的情報と非言語的情報の配置の効果. 商品開発・管理研究, 4(1), 2-16.

Iyengar, S.(. 2010). *The art of choosing*. Hachette UK(. 櫻井祐子訳 選択の科学 文藝春秋)

Iyengar, S. S., & Lepper, M. R.(2000). When choice is demotivating: Can one desire toomuch of a good thing?. *Journal of personality and social psychology*, 79(6), 995-1006.

Janiszewski, C., & Meyvis, T.(2001). Effects of brand logo complexity, repetition, and spacing on processing fluency and judgment. *Journal of consumer research*, 28(1), 18-32.

Lee, J. Y., Gao, Z., & Brown, M. G.(2010). A study of the impact of package changes on orange juice demand. *Journal of Retailing and Consumer Services*, 17(6), 487-491.

Levav, J., Heitmann, M., Herrmann, A., & Iyengar, S. S.(2010). Order in product customization decisions: Evidence from field experiments. *Journal of Political Economy*, 118(2), 274-299.【그림 1-18】

Mantonakis, A., Rodero, P., Lesschaeve, I., & Hastie, R.(2009). Order in choice: Effects of serial position on preferences. *Psychological Science*, 20(11), 1309-1312.【그림 1-19】

仁科貞文・田中洋・丸岡吉人(2007). 広告心理 電通

Pathak, A., Velasco, C., Petit, O., & Calvert, G. A.(2019). Going to great lengths in the pursuit of luxury: How longer brand names can enhance the luxury perception of a brand. *Psychology & Marketing*, 36(10), 951-963.【표 1-3】【그림 1-14】【표 1-4】【그림 1-15】

Petty, R. E. & Cacioppo, J. P(. 1986). The elaboration likelihood model of persuasion. In L. Berkowitz(Ed.), *Advances in Experimental Social Psychology*, 19, 123-203.【그림 1-4】

Piñero, M. A., Lockshin, L., Kennedy, R., & Corsi, A(. 2010, November). Distinctive elements in packaging(FMCG): an exploratory study. In Australian and New Zealand Marketing Academy Conference(ANZMAC)(Vol. 29).

Rettie, R., & Brewer, C.(2000). The verbal and visual components of package design. *Journal of product & brand management*, 9(1), 56-70.【그림 1-11】

Robinson, T. N., Borzekowski, D. L., Matheson, D. M., & Kraemer, H. C. (2007). Effects of fast food branding on young children's taste preferences. *Archives of pediatrics & adolescent medicine*, 161(8), 792-797.【표 1-5】

佐藤章(2023). 湖池屋の流儀 中央公論新社

Scheibehenne, B., Greifeneder, R., & Todd, P. M.(2010). Can there ever be too many options? A meta-analytic review of choice overload. *Journal of consumer research*, 37(3), 409-425.

Schwartz, B. (2004). The tyranny of choice. *Scientific American*. 290(4), 70-75.【그림 1-16】【그림 1-17】

サブウェイ公式ウェブサイト フランチャイズ Retrieved June 20, 2024 from https://www.

subway.co.jp/company/franchise/index.html

須永努(2018). 消費者理解に基づくマーケティング: 感覚マーケティングと消費者情報消化モデル 有斐閣

Velasco, C., Wan, X., Salgado-Montejo, A., Woods, A., Oñate, G. A., Mu, B., & Spence, C.(2014). The context of colour-lavour associations in crisps packaging: A crosscultural study comparing Chinese, Colombian, and British consumers. *Food Quality and Preference*, 38, 49-57.【표 1-1】

Velasco, C., Wan, X., Knoeferle, K., Zhou, X., Salgado-Montejo, A., & Spence, C.(2015). Searching for flavor labels in food products: the influence of color-flavor congruence and association strength. Frontiers in psychology, 6, 133318【그림 1-5】

Wansink, B., Painter, J., & Ittersum, K. V(. 2001). Descriptive menu labels' effect on sales. *Cornell Hotel and Restaurant Administration Quarterly*, 42(6), 68-72.

Wänke, M., Herrmann, A., & Schaffner, D.(2007). Brand name influence on brand perception. *Psychology & Marketing*, 24(1), 1-24【그림 1-13】

山田一成・池内裕美(編著)(2018). 消費者心理学 勁草書房

Zajonc, R. B.(1968). Attitudinal effects of mere exposure. *Journal of personality and social psychology*, 9, 1-27.

2장

Aaker, D. A. (1991). *Managing brand equity*. Free Press. (陶山計介ほか訳 ブランド・エクイティ戦略 ダイヤモンド社)

DelVecchio, D., Krishnan, H. S., & Smith, D. C.(2007). Cents or percent? The effects of promotion framing on price expectations and choice. *Journal of marketing*, 71(3), 158-170.

Doob, A., Carlsmith, J. M., Freeman, J. L., Landauer, T. K. & Soleng, T.(1969). Effect of initial selling price on subsequent sales. *Journal of Personality and Social Psychology*, 11, 345-350.【그림 2-2】

稲田豊史(2023). ポテトチップスと日本人 朝日新書

Kahneman, D., & Tversky, A.(1979). Prospect theory: An analysis of decision under risk. *Econometrica*, 47(2), 363-391.

Kalyanaram, G., & Little, J. D. (1994). An empirical analysis of latitude of price acceptance in consumer package goods. *Journal of consumer research*, 21(3), 408-418.

Mela, C. F., Jedidi, K., & Bowman, D.(1998). The long-term impact of promotions on consumer stockpiling behavior. *Journal of Marketing research*, 35(2), 250-262.

Moore, D. J., & Olshavsky, R. W(. 1989). Brand choice and deep price discounts. *Psychology & Marketing*, 6(3), 181-196.【그림 2-4】

中村博(2003). ロイヤルティ・マーケティングにおける FSP 会員の獲得. 流通情報,(405), 25-30.【그림 2-5】

白井美由里(2005). 消費者の価格判断のメカニズム 千倉書房

白井美由里(2006). このブランドに、いくらまで払うのか 日経BP マーケティング

上田隆穂(1999). マーケティング価格戦略 有斐閣

上田隆穂(1999). 消費者の価格判断基準：参照価格と文脈(コンテクスト)効果. 學習院大學經濟論集, 35(3-4), 151-171.

上田隆穂(2005). 日本一わかりやすい価格決定戦略 明日香出版社

上田隆穂(編)(2003). ケースで学ぶ価格戦略・入門 有斐閣

上田隆穂・守口剛(編)(2004). 価格・プロモーション戦略 有斐閣アルマ

3장

Aaker, J. L. (1997). Dimensions of brand personality. *Journal of marketing research*, 34(3), 347-356.【표 3-01(b)】

Avis, M., & Aitken, R.(2015). Intertwined: Brand personification, brand personality and brand relationships in historical perspective. *Journal of Historical Research in Marketing*, 7(2), 208-231.

Byrne, D. (1971). *The attraction paradigm*. Academic Press.

Donovan, L. A. N., Priester, J. R., MacInnis, D. J., & Park, C. W(. 2012). Brand forgiveness: How close brand relationships influence forgiveness. In *Consumer-Brand Relationships*(pp. 184-203). Routledge.

Fisher, N. I., & Kordupleski, R. E. (2019). Good and bad market research: A critical review of Net Promoter Score. *Applied Stochastic Models in Business and Industry*, 35(1), 138-151.

Grohmann, B.(2009). Gender dimensions of brand personality. *Journal of marketing research*, 46(1), 105-119.【그림 3-1】

金子大貴・一色俊慶(2022). 手にとるようにわかるブランディング入門 かんき出版

ヒロユキ(2023). アニメ化4 作品のマンガ家が腕時計にハマった結果5000 万円の借金を つくった話 ワニブックスPLUS 新書

Malär, L., Krohmer, H., Hoyer, W. D., & Nyffenegger, B(. 2011). Emotional brand attachment and brand personality: The relative importance of the actual and the ideal self. *Journal of marketing*, 75(4), 35-52.【그림 3-2】

永井孝尚(2014). 戦略は「一杯のコーヒー」から学べ！ 中経出版

Niu, H. J., Chiang, Y. S., & Tsai, H. T(. 2012). An exploratory study of the otaku adolescent consumer. *Psychology & Marketing*, 29(10), 712-725.

Pendergrast, M(. 2013). *For god, country, and coca-cola*. Basic Books.

Schultz, H. & Gordon, J. (2011). *Onward: How Starbucks Fought for Its Life Without Losing Its Soul*. Rodale Books.(月沢李歌子訳 スターバックス再生物語：つながりを育む経営 徳間書店)

田中洋(2014). ブランド戦略全書 有斐閣

田中洋(2017). ブランド戦略論 有斐閣

吉村純一(2024). ノマド消費とブランド 吉村純一(編著) 消費文化理論から見るブランドと社会 中央経済社

Walsh, M. F., Page Winterich, K., & Mittal, V(. 2010). Do logo redesigns help or hurt your brand? The role of brand commitment. *Journal of Product & Brand Management*, 19(2), 76-84.【그림 3-3】

4장

Brennan, I., Dubas, K. M., & Babin, L. A(. 1999). The influence of product-placement type & exposure time on product-placement recognition. *International Journal of Advertising*, 18(3), 323-337.【표 4-02】

Bushman, B. J.(2005). Violence and sex in television programs do not sell products in advertisements. *Psychological science*, 16(9), 702-708.【그림 4-11】

Danzig, F.(1962). Subliminal advertisingToday it's just historic flashback for researcher Vicary. *Advertising Age*, 33, 72-74.

Erfgen, C., Zenker, S., & Sattler, H(. 2015). The vampire effect: When do celebrity endorsers harm brand recall?. *International Journal of Research in Marketing*, 32(2), 155-163.【그림 4-7】

Ghosh, T., Sreejesh, S., & Dwivedi, Y. K. (2022). Brands in a game or a game for brands? Comparing the persuasive effectiveness of in-game advertising and advergames. *Psychology & Marketing*, 39(12), 2328-2348.【그림 4-9】

Grewal, D., Kavanoor, S., Fern, E. F., Costley, C., & Barnes, J.(1997). Comparative versus noncomparative advertising: A meta-analysis. *Journal of Marketing*, 61(4), 1-15.【표 4-1】

石橋優子・中谷内一也(1991). 比較広告効果についての検討：説得的コミュ…ニケーションの一技法として 社会心理学研究6, 71-79.【그림 4-1】

Kai, E. & Ochi, K.(2015, September). NO.1 advertising bring positive effects more than comparative and non-comparative advertising. 日本心理学会大会発表 論文集 日本心理学会第 79回大会(pp. 1EV-021). 公益社団法人 日本心理学会.【그림 4-4】

Jun, S., Sung, J., Gentry, J. W., & McGinnis, L. P.(. 2015). Effects of underdog(vs. top dog) positioning advertising. *International Journal of Advertising*, 34(3), 495–514.

Marchand, A., Hennig-Thurau, T., & Best, S.(2015). When James Bond shows off his Omega: does product placement affect its media host?. *European Journal of Marketing*, 49(9/10), 1666–1685.【그림 4-8】

McGinnis, L. P., & Gentry, J. W.(2009). Underdog consumption: An exploration into meanings and motives. *Journal of Business Research*, 62(2), 191–199.

山田歩, 福田玄明, 鮫島和行, 清河幸子, 南條貴紀, 植田一博, … & 鰐川彰(2011). テイスティング方法がコーラの選好に与える影響. 行動経済学, 4, 129–132.【그림 4-3】

山木若榮(2017). 自虐的ユーモアが消費者の広告印象評価に及ぼす影響 法政大学心理学科 卒業論文【그림 4-5】

Wallop, H.(2009). Men only buy pants for 17 years of their lives: There are some things women are just better at than men. And buying men's pants is one of them, it would seem. *The telegraph*, 11 Nov. 2009.

5장

Barakat, M. A.(2019). A proposed model for factors affecting consumers' impulsive buying tendency in shopping malls. *Journal of Marketing Management*, 7(1), 120–134.

Bratko, D., Butkovic, A., & Bosnjak, M.(2013). Twin study of impulsive buying and its overlap with personality. *Journal of Individual Differences*, 34, 8–14.

Brown, K. W., & Kasser, T.(. 2005). Are psychological and ecological well-being compatible? The role of values, mindfulness, and lifestyle. *Social Indicators Research*, 74(2), 349–68.

Dunn, M. J., & Searle, R. (2010). Effect of manipulated prestige-car ownership on both sex attractiveness rating. *British Journal of Psychology*, 101, 69–80.【그림 5-2】

Garaszczuk, M.(2015). *Attentional-capture efficacy and brand qualities of minimalist packaging design*. King's University College at Western University Department Psychology Honours Thesis.

Goor, D., Ordabayeva, N., Keinan, A., & Crener, S.(2020). The impostor syndrome from luxury consumption. *Journal of Consumer Research*, 46(6), 1031–1051.

博報堂生活総合研究所(2023). 消齢化社会 インターナショナル新書 集英社【그림 5-1】

Hook, J. N., Hodge, A. S., Zhang, H., Van Tongeren, D. R., & Davis, D. E.(2023). Minimalism, voluntary simplicity, and well-being: A systematic review of the empirical literature. *The Journal of Positive Psychology*, 18(1), 130–141.

石淵順也(2019). 買物行動と感情 有斐閣

Iyer, G. R., Blut, M., Xiao, S. H., & Grewal, D.(2020). Impulse buying: a meta-analytic review. *Journal of the academy of marketing science*, 48, 384-404.

Jiang, L., Cui, A. P., & Shan, J.(2022). Quiet versus loud luxury: the influence of overt and covert narcissism on young Chinese and US luxury consumers' preferences?. *International Marketing Review*, 39(2), 309-334.

Kang, Y. J., & Park, S. Y(. 2016). The perfection of the narcissistic self: A qualitative study on luxury consumption and customer equity. *Journal of Business Research*, 69(9), 3813-3819. [표 5-03]

Leibenstein, H.(1950). Bandwagon, snob, and Veblen effects in the theory of consumers' demand. *The quarterly journal of economics*, 64(2), 183-207.

Lloyd, K., & Pennington, W.(2020). Towards a theory of minimalism and wellbeing. *International Journal of Applied Positive Psychology*, 5(3), 121-36.

Mowen, J. C., & Spears, N.(1999). Understanding compulsive buying among college students: A hierarchical approach. *Journal of Consumer Psychology*, 8(4), 407-430.

Neave, L., Tzemou, E., & Fastoso, F(. 2020). Seeking attention versus seeking approval: How conspicuous consumption differs between grandiose and vulnerable narcissists. *Psychology & Marketing*, 37(3), 418-427.

越智啓太(2022). 消費者行動の個人差の分析: 衝動買い・顕示的消費・ミニマリスト・マキシマイゼーション. 法政大学文学部紀要 85, 55-75.

Schwartz, B., Ward, A., Monterosso, J., Lyubomirsky, S., White, K., & Lehman, D. R. (2002). Maximizing versus satisficing: happiness is a matter of choice. *Journal of personality and social psychology*, 83(5), 1178.

Shahjehan, A., Zeb, F., & Saifullah, K.(2012). The effect of personality on impulsive and compulsive buying behaviors. *African journal of business management*, 6(6), 2187-2194.

Shukla, Y., Mishra, S., Chatterjee, R., & Arora, V.(2024). Consumer minimalism for sustainability: Exploring the determinants of rental consumption intention. *Journal of Consumer Behaviour*, 23(2), 514-529.

Troisi, J. D., Christopher, A. N., & Marek, P.(2006). Materialism and money spending disposition as predictors of economic and personality variables. *North American Journal of Psychology*, 8(3), 421-436.

Veblen, T.(1899). *The theory of the leisure class: an economic study of institutions*. London: Macmillan(. 高哲男 訳 有閑階級の理論 筑摩書房)

Verplanken, B., & Herabadi, A.(2001). Individual differences in impulse buying tendency: Feeling and no thinking. *European Journal of personality*, 15, S71-S83.

Wang, W., Ma, T., Li, J., & Zhang, M.(2020). The pauper wears prada? How debt stress promotes luxury consumption. *Journal of Retailing and Consumer Services*, 56, 102144.

Wilson, A. V., & Bellezza, S. (2022). Consumer minimalism. *Journal of Consumer Research*, 48 (5), 796-816.

Youn, S. & Faber, R. J.(2000), Impulse Buying: Its Relation to Personality Traits and Cues, *Advances in Consumer Research*, 27, 179-185.

사진 제공

【그림 1-8】ポッカサッポロフード& ビバレッジ株式会社
【그림 1-10】株式会社日本政策金融公庫「写真の撮り方ガイド 飲食店編」p.15
【그림 3-4】江崎グリコ株式会社
【그림 4-2】ペプシコ・ジャパン株式会社

당신이 사게 되는 건,
물건이 아니라 심리입니다.

옮긴이 최지현

일본어 번역가. 한양대학교에서 일어일문학을 전공하고 한국외국어대학교 통번역대학원 한일과를 졸업한 후 MBC 편성기획부, ㈜한국닌텐도 등 기업에서 통번역사로 근무했다. 현재 출판번역 에이전시 글로하나에서 다양한 분야의 일서를 리뷰, 번역하며 일본어 전문 번역가로 활동하고 있다. 역서로 《당신 인생에 용기 따윈 필요 없다》 《시간관리의 정석》 《왜 그렇게 살아야 할까》 《무조건 팔리는 스토리 마케팅 기술 100》 《기분의 디자인》 《무조건 팔리는 심리 마케팅 기술 100》 《돈이 되는 말의 법칙》 《스크럼》 등이 있다.

잘 파는 사람은 심리를 알고 있다

1판 1쇄 인쇄 2025년 8월 5일
1판 1쇄 발행 2025년 8월 20일

지은이 오치 케이타
발행인 김태웅
책임편집 이슬기   **기획편집** 이미순, 박지혜
디자인 STUDIO 보글
마케팅 총괄 김철영   **마케팅** 서재욱, 오승수
온라인 마케팅 박예빈   **인터넷 관리** 김상규
제작 현대순   **총무** 윤선미, 안서현
관리 김훈희, 이국희, 김승훈, 최국호

발행처 ㈜동양북스
등록 제2014-000055호
주소 서울시 마포구 동교로22길 14(04030)
구입 문의 (02)337-1737   **팩스** (02)334-6624
내용 문의 (02)337-1763   **이메일** dymg98@naver.com

ISBN 979-11-7210-121-3 03320

ⓒ 2024, 오치 케이타 All rights reserved.

- 이 책은 저작권법에 의해 보호받는 저작물이므로 무단 전재와 무단 복제를 금합니다.
- 잘못된 책은 구입처에서 교환해드립니다.